DUTCH SHORT STORIES FOR BEGINNERS

20 Captivating Short Stories to Learn Dutch & Increase Your Vocabulary the Fun Way!

Easy Dutch Stories

www.LingoMastery.com

ISBN: 978-1-951949-19-8

FREE BOOK!

Free Book Reveals The 6 Step Blueprint That Took Students
From Language Learners To Fluent In 3 Months

- **6 Unbelievable Hacks** that will accelerate your learning curve
- **Mind Training:** why memorizing vocabulary is easy
- **One Hack To Rule Them All:** This <u>secret nugget</u> will blow you away...

Head over to **LingoMastery.com/hacks**
and claim your free book now!

CONTENTS

INTRODUCTION

If you're reading this, you're probably interested in learning Dutch or expanding your existing Dutch language skills. Excellent, because that is exactly what this book has been designed to help you with, in the most engaging, fun way! It is well-known that a language is best learned and retained when it is meaningful and presented in context, which is why short stories are such a great tool to use when you're learning a new language.

Dutch is spoken by about 24 million people as a native language, approximately 17 million of which are in the Netherlands and another 6.5 million of which are in Belgium (where it is also referred to as *Vlaams*). Besides that, about another 5 million people throughout the world speak Dutch as a second language. Dutch is part of the West-Germanic group of languages, and shares a lot of vocabulary and grammar similarities with both English and German.

You might be learning Dutch because you're moving to a Dutch-speaking country because your partner or someone else in your family speaks Dutch, or out of pure linguistic interest. Improving your Dutch is especially important if you are moving to the Netherlands or Belgium for work, study or family, because even though most Dutch speakers often speak excellent English, it's by no means possible to integrate completely without speaking Dutch well.

Languages are intricately linked to a country's culture, so in order to really understand a culture's finer aspects, you need to be able to speak the language well. Besides, from a very practical point of

1

view, it's indispensable to speak Dutch to be able to apply for the widest possible range of jobs, since many employers in Dutch-speaking countries won't be able to hire you at all if you don't speak the language.

We'll now elaborate on how this book can help you on the way to mastering Dutch in a way that doesn't feel like you're "studying" at all!

What the following book is about

We've written this book to provide you as a Dutch learner with concise, captivating stories that occur in a range of settings across the Netherlands and Belgium. The main characters vary in age and background, as do the topics and plots of the stories, making them very relatable and engaging every time.

Special attention was paid to the length, vocabulary level and grammatical complexity of the language used in the stories so that they're perfect for upper basic and lower intermediate levels. Besides, the type of language used is very natural, with plenty of dialogues, which reflect conversations in real life very closely and will, therefore, support the improvement of both receptive (reading and listening) and productive (speaking and writing) language skills.

Our goal with this book is to supply you with useful, entertaining, helpful and challenging material that will not only allow you to learn the language but also help you pass the time and make the experience less formal and more fun — as any good language lesson should be. We will not bore you with grammatical notes, spelling or structure: the book has been well-written and revised to ensure that it covers those aspects without having to explain them with complicated rules as textbooks do.

It would be a mistake to think stories only entice children: they work in very much the same way for adults! The context of each story will introduce a lot of vocabulary in a very natural way, and the characters and plot will give it meaning and help you store the vocabulary in your memory. The protagonists will learn valuable life lessons, experience surprising events, live through difficult moments, and maybe even fall in love, and you'll remember the words used to describe their experiences through the emotions attached to them.

How *Dutch Short Stories for Beginners* has been laid out

Each chapter revolves around a story that was purposefully set in a very different background to the previous, enabling us to introduce a wide range of vocabulary every time.

Every chapter consists of the following:

1. A story about a familiar situation that you can easily read in one sitting which never includes more than a few characters, making it easy to follow the storyline and take in the vocabulary.
2. A short summary of the story's main events both in Dutch and English, which is a first tool to help you corroborate your understanding.
3. A vocabulary list with the English translation of the words that were highlighted in the text. We've made sure that new vocabulary is accumulative, meaning that new words only appear highlighted once, and other words are prioritized in subsequent chapters.
4. A list of five multiple-choice questions about each text with their respective answers to help you double-check your comprehension, which also serves to teach you some more vocabulary as it appears in the questions and answers.

3

This format has proven to work very well since the length of the stories is very manageable and gives you just the right amount of vocabulary to take in, every time. The book has been designed for you to use autonomously without any outside help, apart from perhaps an additional dictionary.

Recommendations for readers of *Dutch Short Stories for Beginners*

Before you begin reading, we have a quick list of recommendations, tips and tricks for getting the best out of this book.

1. Read the stories without any pressure: feel free to return to parts you didn't understand and take breaks when necessary. This is like any fantasy, romance or sci-fi book you'd pick up, except with different goals.
2. Feel free to use any external material to make your experience more complete: while we've provided you with plenty of reading to help you learn, you may feel obliged to look at textbooks or search for more helpful texts on the internet — do not think twice about doing so! We even recommend it.
3. Find other people to learn with: while learning can be fun on your own, it definitely helps to have friends or family joining you on the tough journey of learning a new language. Find a like-minded person to accompany you in this experience, and you may soon find yourself competing to see who can learn the most!
4. Feel free to highlight specific expressions or parts of phrases that are used to use these yourself. The dialogues have been written in a very natural way and closely resemble everyday conversations in Dutch, and if you use them the next time you speak or write Dutch, you'll instantly sound more like a native speaker!

4

Chapter 1

EEN BRUILOFT MET EEN VERRASSING

Peter **ontvangt** een e-mail van een oude **schoolvriend** Jan. Wat een **verrassing**! Jan gaat **trouwen** en Peter is **uitgenodigd**. Ze hebben **elkaar** al 18 jaar niet gezien, maar op de **middelbare school** waren ze heel goede vrienden. Peter zal dus zeker naar de **bruiloft** gaan, zelfs al kent hij Jans **verloofde** Marieke niet.

In de e-mail staat dat de bruiloft op zaterdag 17 maart om 3 uur **'s middags** is. Daarnaast staan er ook **gegevens** over de locatie vermeld. De bruiloft is in een **mooi** kasteel in Maastricht, waar Jan **tegenwoordig** woont.

Peter schrijft de datum en andere gegevens meteen in zijn agenda en **daarna** mailt hij Jan terug om hem te **feliciteren** en te zeggen dat hij zeker zal komen.

Op de dag van Jans bruiloft gaat Peter met de trein naar Maastricht **vanuit** zijn woonplaats Emmen. Dat is best een **lange** reis, **vooral** voor Nederland. De **treinreis** duurt ongeveer 4 uur en geeft Peter genoeg tijd om terug te denken aan alle **leuke** momenten die hij als tiener met Jan heeft **beleefd**.

Bijvoorbeeld die ene keer dat ze samen hadden **gespijbeld** om stiekem een dagje naar Utrecht te gaan. Wat hadden ze daarna veel problemen gehad met hun ouders en school. Hij **hoopt** dat hij **tijdens** de bruiloft even tijd met Jan zal hebben om **herinneringen** op te halen.

Om **kwart** voor drie staat Peter voor de ingang van de **trouwzaal** in het **kasteel**. Er hangt een groot **bord** met 'Jan & Marieke' 2020 boven de deur. Hij gaat naar **binnen** en ziet op één van de tafels een **naamkaartje** staan waar 'Peter de W.' op staat, dus daar gaat hij zitten. Hij **kent** de andere **mensen** aan tafel niet, **maar begint** alvast een **praatje** met hen te maken.

— Hallo, ik ben Peter. Ik ben een **vroegere** schoolvriend van Jan. **Aangenaam** kennis met je te maken!

— Hoi, ik ben Sophie. Aangenaam. Ik zat op school met Marieke. Leuk hè, dat twee mensen met zo'n enorme **taalknobbel** nu gaan trouwen! Als ze kinderen krijgen, gaan die **vast** ook iets met **taal** doen.

— Oh! Dat **verrast** me wel, moet ik eerlijk zeggen. Op school was Jan veel beter in **wiskunde** dan in taal, maar mensen kunnen veel **veranderen** in zo'n lange tijd. Weet je dan wat voor **baan** Jan nu heeft?

— Wist je dat niet? — **antwoordde** Sophie — Hij is decaan van de Faculteit van **Taalwetenschappen** aan de Universiteit van Maastricht. En Marieke werkt ook op de universiteit, daar hebben ze elkaar **leren kennen**.

— Zo zo, wat een verrassing. Ik zie al dat ik veel **bij te praten** heb met Jan.

— Hé, volgens mij begint de bruiloft.

Op dat moment begon een romantisch liedje te spelen, en **kwamen** de **bruid** en **bruidegom** samen aanlopen vanaf de ingang van de zaal. Peter **draaide** zich om en kon zijn **ogen** niet **geloven**. Dat was zijn vriend Jan helemaal niet. Mensen kunnen veel veranderen, maar hij wist **zeker** dat die man niet zijn jeugdvriend was. Toen **voelde** hij dat **iemand** op zijn **schouder** tikte.

— Hallo. Sorry, maar **volgens** mij zit u op mijn **plaats**, ik ben Jans vriend Peter de Waal. Of heet u **toevallig** ook zo?

— Nee, ik ben Peter de Wit. Ik ben even **in de war**, **misschien** ben ik wel op de **verkeerde** bruiloft. Wat is de **achternaam** van de bruidegom?

— Haha, Jan van Haag **natuurlijk**! Gaat er soms nog een andere Jan met een Marieke trouwen vandaag?

— O nee! Mijn vriend heet Jan Smits. Ik ben dus echt op de verkeerde bruiloft. **Het spijt me**.

Peter liep zo **onopvallend** mogelijk naar **buiten** en ging snel online op zijn telefoon om de naam van het kasteel **opnieuw** op te zoeken. Hij **zag** dat hij zich **vergist** had en dat Jans bruiloft in Kasteel De Poort was, maar hij was nu in Kasteel Het Paard. Wat een grote **fout** van hem. **Gelukkig** kon hij snel een taxi vinden die hem naar Kasteel De Poort **bracht**. Peter was nog **net** op tijd voor het **laatste** deel van de bruiloft. Hij **ging** daarna naar Jan toe om hem te feliciteren en Jan zei:

— Wat goed dat je **kon** komen. Emmen is ook zo **ver**. Beter laat dan **nooit**, hè.

— Jan, je zal nooit **geloven** wat er is **gebeurd**, — zei Peter, — maar **voordat** ik het vertel, ben ik over één ding heel **nieuwsgierig**. Ben jij **taalwetenschapper** geworden?

— Nee hoor, — zei Jan, — Ik heb absoluut geen talenknobbel, dat weet je toch! Ik ben al 12 jaar **wiskundeleraar**.

Peter moest **lachen** en Jan ook toen hij het hele **verhaal** van Peters fout **hoorde**. Vanaf die dag **zagen** ze elkaar **minstens** één keer per jaar en **iedere keer** moesten ze weer opnieuw lachen om wat er gebeurd was op Jans **trouwdag**.

7

Samenvatting van het verhaal

Peter krijgt een uitnodiging voor de bruiloft van zijn jeugdvriend Jan die hij al bijna 20 jaar niet gezien heeft. De bruiloft is aan de andere kant van het land, maar ze waren vroeger hele goede vrienden, dus Peter besluit dat hij zal gaan. Als hij in de trouwzaal zit, begint hij met een vriendin van de bruid te praten en zij geeft hem wat verrassende informatie over Jan. Zodra Jan en de bruid de zaal binnenkomen, ziet Peter dat het helemaal niet zijn vriend Jan is. Dan blijkt dat hij per ongeluk naar de verkeerde locatie is gegaan, waar toevallig ook een Jan met een Marieke ging trouwen, op dezelfde dag en dezelfde tijd.

Summary of the story

Peter gets a wedding invitation from his childhood friend, Jan, whom he hasn't seen for almost 20 years. The wedding is on the other side of the country, but they used to be really good friends, so Peter decides he'll attend. Once he's in the wedding reception hall, he starts talking to a friend of the bride and she gives him some surprising information about Jan. As soon as Jan and the bride enter the hall, Peter realizes that's not his friend Jan at all. Then it turns out he accidentally went to the wrong location, where another Jan and Marieke happened to be getting married on the same day and at the same time.

Vocabulary

- **ontvangt:** receives
- **trouwen:** to get married
- **verrassing:** surprise
- **uitgenodigd:** invited
- **elkaar:** each other
- **middelbare school:** high school
- **bruiloft:** wedding
- **verloofde:** fiancée
- **'s middags:** in the afternoon
- **gegevens:** details
- **mooi:** beautiful
- **tegenwoordig:** nowadays
- **daarna:** after that
- **feliciteren:** congratulate
- **vanuit:** from
- **lange:** long
- **vooral:** especially
- **treinreis:** train journey
- **leuke:** fun
- **beleefd:** experienced
- **bijvoorbeeld:** for example
- **gespijbeld:** skipped class
- **hoopt:** hopes
- **tijdens:** during
- **herinneringen op te halen:** reminisce
- **kwart:** quarter
- **trouwzaal:** wedding venue
- **kasteel:** castle
- **bord:** sign
- **binnen:** inside
- **naamkaartje:** nametag
- **kent:** knows
- **mensen:** people
- **maar:** but
- **begint:** starts
- **praatje:** chat
- **vroegere:** former
- **aangenaam:** pleased
- **taalknobbel:** knack for languages
- **vast:** surely
- **taal:** language
- **verrast:** surprises
- **wiskunde:** mathematics
- **veranderen:** to change
- **antwoordde:** answered
- **taalwetenschappen:** linguistics
- **leren kennen:** to meet
- **bij te praten:** to catch up
- **kwamen:** came
- **bruid:** bride
- **bruidegom:** groom
- **draaide:** turned

9

- **ogen:** eyes
- **geloven:** believed
- **zeker:** sure
- **voelde:** felt
- **iemand:** someone
- **schouder:** shoulder
- **volgens:** according to
- **plaats:** spot
- **toevallig:** by chance
- **in de war:** confused
- **misschien:** maybe
- **verkeerde:** wrong
- **achternaam:** last name
- **natuurlijk:** of course
- **het spijt me:** I'm sorry
- **onopvallend:** discretely
- **buiten:** outside
- **opnieuw:** again
- **zag:** saw
- **vergist:** mistaken
- **fout:** mistake
- **gelukkig:** fortunately
- **bracht:** brought
- **net:** just
- **laatste:** last
- **ging:** went
- **kon:** could
- **ver:** far
- **nooit:** never
- **geloven:** believe
- **gebeurd:** happened
- **voordat:** before
- **nieuwsgierig:** curious
- **taalwetenschapper:** linguist
- **wiskundeleraar:** maths teacher
- **lachen:** to laugh
- **verhaal:** story
- **hoorde:** heard
- **zagen:** saw
- **minstens:** at least
- **iedere keer:** every time
- **trouwdag:** wedding day

Questions about the story

1. Hoe lang heeft Peter Jan al niet meer gezien?

a) 3 jaar
b) 10 jaar
c) 18 jaar
d) 25 jaar

2. Waar is de bruiloft?

a) In Emmen
b) In Utrecht
c) In Amsterdam
d) In Maastricht

3. Wat is Jans volledige naam?

a) Jan de Wit
b) Jan Smits
c) Jan van Haag
d) Jan Steen

4. Hoe ging Peter van het verkeerde naar het juiste kasteel?

a) Met een taxi
b) Met de trein
c) Op de fiets
d) Te voet

5. Wat is de baan van Peters vriend Jan?

a) Treinconducteur
b) Taalwetenschapper
c) Bruidegom
d) Wiskundeleraar

Answers

1) C
2) D
3) B
4) A
5) D

Chapter 2

BABETTES NIEUWE PASSIE

Een groepje studievrienden die **samen** een huis **delen**, krijgen het idee om samen een weekendje te gaan **kamperen** op Ameland om zo te **ontspannen tussen** de examens. Het **duurde** even voordat ze Jaap, **altijd** de meest **nerveuze** van de vier, konden **overhalen,** omdat ze **zondagmiddag** terug zouden komen en **allemaal** op maandag een **moeilijk** examen hadden.

Dieuwke zei: — Kom op Jaap, je zei dat je al **genoeg** had **gestudeerd**, ga toch mee. Lekker **uitwaaien** zal je goed doen.

Babette zei **toen:** — Ja Jaap, je hebt genoeg met je **neus** in de **studieboeken** gezeten. Je zei **laatst** nog dat je **tijd** in de natuur **nodig** had.

Goed **meiden**, jullie hebben me **overtuigd**, — zei Jaap. — Ik **ga** ook **mee**. Jij toch ook, Tarek?

— Natuurlijk! Ik zal jullie zelfs de **tenten** en **slaapzakken lenen**, — zei Tarek.

Iedereen ging zijn **spullen inpakken**, en op vrijdagmiddag gingen ze met de bus naar Holwerd om daar de **veerboot** te pakken naar Ameland. Het was juni en **heerlijk weer**, dus het was 's avonds niet te **koud** in de tent. Tarek, Dieuwke en Jaap **huurden** fietsen en **fietsten** ook veel rond het **eiland** en door de **duinen**. Babette bleef in de tent, want die **hield helemaal niet** van sport. Zij **bleef** rustig een boek lezen. Zo **vloog** het weekend **voorbij**. Zondagochtend pakten ze de tenten in en gingen ze naar de **haven** om met de veerboot naar het **vasteland** te varen.

Onderweg liepen alle passagiers **opeens** naar één **kant** van de boot en **begonnen** te **roepen** en te **wijzen**.

— **Kijk** daar eens! Daar zijn twee **zeehonden aan het vechten**!

Het groepje studenten ging **ook** kijken, want ze hadden nog nooit zeehonden **in het wild** zien vechten. Tarek en Jaap hingen ver over de **reling** om een goede foto te kunnen maken. De boot begon opeens een **beetje** te **schudden**, **waardoor** er een grote man **bovenop** Tarek **viel**. Tarek viel toen tegen Jaap aan, die daardoor **bijna** uit de boot viel.

— Au ... mijn **voet**! — zei Tarek.

— Oh nee ... mijn **rugzak**! — zei Jaap.

De rugzak van Jaap was over de reling in het water **gevallen**. Dat was **balen**! Al zijn spullen waren **weg**.

— Jaap, wees nou maar gewoon **blij** dat je niet zelf in de **zee** bent gevallen, — zei Babette. — Tarek, gaat het een beetje met je voet?

— Oef, **het doet** wel **pijn**, — zei Tarek, — maar ik heb hem niet **gebroken** denk ik.

Nadat de veerboot bij Holwerd was **aangekomen**, droeg Jaap Tareks rugzak tot aan hun huis en de **meisjes hielpen** hem bij het lopen.

— Dieuwke, ik heb de **sleutels** niet, want die zaten in mijn rugzak die in de zee is gevallen, — zei Jaap. — Kan jij even de **deur opendoen**?

Dieuwke antwoordde: — Oh, sorry, ik heb mijn sleutels niet meegenomen. En jij, Tarek?

— Nee, die van mij zaten toevallig ook in Jaaps rugzak, — zei Tarek. — Doe jij maar open, Babette.

— Jongens, dit is **ongelofelijk**, — zei Babette. — Ik heb ze ook niet meegenomen. Hoe komen we nu het huis in?

De nerveuze Jaap begon **meteen** te **jammeren**: — **Zie je wel**? Ik had niet mee moeten gaan. Nu kunnen we niet naar binnen. Ik **wilde** nog even studeren voor het examen van morgen.

Dieuwke zei: — Jaap, even **rustig blijven**. Laten we even praktisch **nadenken**. Eén van ons moet gewoon via de **schuur** omhoog **klimmen** en mijn kamer ingaan. Mijn **raam** zit niet **op slot**. Maar ik heb **hoogtevrees**, dus ik **durf** het zelf niet.

— **Vanwege** mijn voet kan ik natuurlijk niet klimmen nu, — zei Tarek.

— Ik ben ook te **bang** om te **proberen** op de schuur te klimmen, — zei Jaap. — Jij zal moeten klimmen, Babette.

Iedereen keek **hoopvol** naar Babette. Ze had geen hoogtevrees, maar van alle vier was zij **het minst** sportief. Babette vond het helemaal geen fijn idee, maar ze **dacht** aan het examen van de volgende dag en ze wist dat niemand anders het kon doen.

— Oké dan, — zei Babette, — Jaap en Dieuwke, helpen jullie me **omhoog**?

Babette concentreerde zich en het **lukte** haar om **eerst** op de schuur te klimmen, en daarna via het raam Dieuwkes kamer in. Ze **vond** Dieuwkes sleutels en ging naar **beneden** om de deur voor de anderen open te doen.

Haar vrienden waren allemaal heel erg **dankbaar** en feliciteerden haar. Jaap was zelfs zo **opgelucht** dat hij zei: — Je bent onze **heldin**, Babette! Je zou eens met klimmen moeten **beginnen**.

Babette **lachte** en was **zelf** erg **verbaasd** over hoe **spannend** en leuk ze dat klimmen eigenlijk had gevonden. **Na** dit hele **avontuur** **bestelden** ze **Indonesisch eten** en **oefenden** ze allemaal nog even voor het examen.

De volgende dag ging het examen bij iedereen goed en Tareks voet was alleen maar een beetje **gekneusd**. Babette **bleef** maar aan het klimmen denken en **besloot** een keer een dagje bij een **klimschool** te gaan kijken. Ze was na 1 **proefles** meteen **verkocht**. Ze **werd** binnen korte tijd een enorm **fanatieke** klimster en won na **een paar jaar** zelfs een paar **wedstrijden**. Zo weet je maar nooit hoe je een nieuwe **passie** kan **ontdekken**.

Samenvatting van het verhaal

Vier studievrienden die bij elkaar wonen, gaan net voordat ze een belangrijk examen hebben een weekendje kamperen op een eiland. Het reisje zelf gaat prima, maar wanneer ze op de terugweg weer op de veerboot zitten, heeft Tarek een ongelukje met zijn voet en valt de rugzak van Jaap in zee. Als ze eenmaal terug zijn bij het huis hebben ze door dat niemand zijn sleutels bij zich heeft. Het minst sportieve meisje, Babette, moet op de schuur klimmen om zo via een raam het huis binnen te kunnen om de deur voor de anderen open te doen. Ze vond het klimmen eigenlijk wel leuk en besluit het uit te proberen als sport en ontdekt zo een nieuwe passie.

Summary of the story

Four college friends who share a house go camping for a weekend on an island, just before they have an important exam. The trip itself goes fine, but when they're on the ferry back, Tarek suffers an accident: he ends up hurting his foot, and Jaap's backpack falls into the sea. Once they get back to the house, they realize that nobody brought their keys. The least sporty girl, Babette, has to climb on top of the shed in order to enter the house through a window and open the door for the others. She actually quite enjoyed the climb and decides to try climbing out as a sport and discovers a new passion.

Vocabulary

- **samen:** together
- **delen:** share
- **kamperen:** to go camping
- **ontspannen:** to relax
- **tussen:** between
- **duurde:** took
- **altijd:** always
- **nerveuze:** nervous
- **overhalen:** to convince
- **zondagmiddag:** Sunday afternoon
- **allemaal:** all of them
- **moeilijk:** difficult
- **genoeg:** enough
- **gestudeerd:** studied
- **uitwaaien:** to enjoy the breeze
- **toen:** then
- **neus:** nose
- **studieboeken:** textbooks
- **laatst:** recently
- **tijd:** time
- **nodig:** needed
- **meiden:** girls
- **overtuigd:** convinced
- **ga mee:** go along
- **tenten:** tents
- **slaapzakken:** sleeping bags
- **lenen:** to lend
- **iedereen:** everybody
- **spullen:** things
- **inpakken:** to pack
- **veerboot:** ferry
- **heerlijk:** wonderful
- **weer:** weather
- **koud:** cold
- **huurden:** rented
- **fietsten:** cycled
- **eiland:** island
- **duinen:** dunes
- **hield:** liked
- **helemaal niet:** not at all
- **bleef:** stayed
- **vloog voorbij:** flew by
- **haven:** port
- **vasteland:** mainland
- **onderweg:** on the way
- **opeens:** suddenly
- **kant:** side
- **begonnen:** started
- **roepen:** to call
- **wijzen:** to point
- **kijk:** look
- **zeehonden:** seals
- **aan het vechten:** fighting
- **ook:** also

- **in het wild:** in the wild
- **reling:** railing
- **beetje:** little bit
- **schudde:** shook
- **waardoor:** because of which
- **bovenop:** on top of
- **viel:** fell
- **voet:** foot
- **rugzak:** backpack
- **gevallen:** fallen
- **balen:** bad luck
- **weg:** gone
- **blij:** happy
- **zee:** sea
- **het doet pijn:** it hurts
- **gebroken:** broken
- **aangekomen:** arrived
- **meisjes:** girls
- **hielpen:** helped
- **lopen:** to walk
- **sleutels:** keys
- **deur:** door
- **opendoen:** to open
- **ongelofelijk:** unbelievable
- **meteen:** immediately
- **jammeren:** to whine
- **zie je wel:** you see
- **wilde:** wanted
- **rustig blijven:** stay calm
- **nadenken:** to think
- **schuur:** shed
- **klimmen:** to climb
- **raam:** window
- **op slot:** locked
- **hoogtevrees:** fear of heights
- **durf:** dare
- **vanwege:** because of
- **bang:** afraid
- **proberen:** to try
- **hoopvol:** full of hope
- **het minst:** the least
- **dacht:** thought
- **omhoog:** up
- **lukte:** managed
- **eerst:** first
- **vond:** found
- **beneden:** downstairs
- **dankbaar:** grateful
- **opgelucht:** relieved
- **heldin:** heroine
- **beginnen:** to start
- **lachte:** laughed
- **zelf:** herself
- **verbaasd:** surprised
- **spannend:** exciting
- **na:** after
- **avontuur:** adventure
- **bestelden:** ordered
- **Indonesisch eten:** Indonesian food

- **oefenden:** practiced
- **gekneusd:** bruised
- **bleef:** continued
- **besloot:** decided
- **klimschool:** climbing school
- **proefles:** trial class
- **verkocht:** sold
- **werd:** became
- **won:** won
- **een paar jaar:** a couple of years
- **wedstrijden:** competitions
- **passie:** passion
- **ontdekken:** to discover

Questions about the story

1. **Hoe kennen de studenten elkaar?**

   a) Ze wonen samen

   b) Ze studeren samen

   c) Ze wonen en studeren samen

   d) Ze kennen elkaar van Ameland

2. **Hoe gaan ze naar Ameland?**

   a) Met de fiets

   b) Met de bus

   c) Met de veerboot

   d) Met de bus en de veerboot

3. **Waarom gaat Babette niet mee fietsen op Ameland?**

   a) Ze had geen fiets meegenomen

   b) Ze kan niet fietsen

   c) Ze houdt niet van fietsen

   d) Ze was te moe om te fietsen

4. **Wie hadden de sleutels wél meegenomen naar Ameland?**

   a) Tarek en Jaap

   b) Dieuwke en Babette

   c) Dieuwke en Jaap

   d) Tarek en Babette

5. **Wat ontdekte Babette nadat ze via de schuur het huis in moest klimmen?**

   a) Dat ze hoogtevrees heeft

   b) Dat Dieuwkes raam open stond

   c) Dat haar voet ook pijn deed

   d) Dat ze klimmen leuk vindt

Answers

1) C
2) D
3) C
4) A
5) D

Chapter 3

ALS EEN VIS IN HET WATER

Het was **zomervakantie** en de familie Jespers **besloot** een dagje naar de **dierentuin** in Rotterdam te gaan. De drie **kinderen**, Koen van 13, Anke van 10, en de kleine **vijfjarige** Daan, **vonden** het natuurlijk een top idee. Vooral Koen, die **autistisch** was, hield heel veel van **dieren** en kon **urenlang** boeken lezen of documentaires **bekijken** over **verschillende** dieren, vooral over vissen en andere **zeedieren**.

— Mama, weet jij of er ook **roggen** in die dierentuin zijn? — vroeg Koen.

— Geen idee, Koentje. Dat **mag** jij zelf zaterdag gaan **uitzoeken**.

Zaterdagochtend pakten de ouders een paar **tassen** in met **flessen** water, fruit, en wat andere snacks en **zorgden** ze dat alle kinderen **zomerkleren** aandeden. De Jespers **vertrokken** om 9 uur en kwamen rond 10 uur bij de dierentuin aan. Ze **betaalden** bij de **ingang** waar ze al meteen wat **kooien** met **papegaaien**, **toekans** en andere tropische **vogels** zagen.

— Mama, hebben ze hier ook **poffertjes**? — vroeg Daantje, die nog wist dat ze de **vorige keer** in de dierentuin ook hele lekkere poffertjes hadden gegeten.

— Ja, lieve Daan, — zei zijn moeder Simone, — hier verkopen ze poffertjes, maar die gaan we nu nog niet eten, **ietsje later** pas. We zijn er net! Hier heb je alvast een appel.

Eerst kwamen ze langs de **giraffen**, **olifanten** en zebra's, **allerlei** dieren uit Afrika. Toen kwamen ze bij de apen. Die vond vader Ad altijd zo leuk. Hij vond het ook heel leuk om ze na te doen, maar de enige die dat nog **grappig** vond was Daantje. Anke en Koen keken liever de andere kant op, **want** ze **schaamden** zich een beetje voor hun vader met zijn **gekke sprongen** en **geluiden**.

— Uhm, **zullen** nu we verder gaan, mama? — vroeg Anke.

— Ja! Kom gekke apen, de **beren** en **wolven** wachten op ons, — antwoordde mama.

Ze **gingen** naar het deel van de dierentuin dat het **berenbos** werd **genoemd**, waar **een aantal grizzlyberen** woonden en ook een paar wolven. Bij de ingang van het berenbos **stonden** informatieborden over de beren, onder andere over wat ze **eten**, hoe **oud** ze kunnen worden en hoeveel ze **wegen**. Anke zag dat de **wetenschappelijke naam** van de grizzlybeer ook wel Ursus arctos horribilis is en dat vond ze veel grappiger dan haar vaders apen-impressie. Koen **begon** deze informatie ook **aandachtig** te lezen en zei:

— Papa, papa, papa, er **mist** hier heel veel informatie! Ze hebben **niets geschreven** over hun **scherpe klauwen** en hun **winterslaap** en dat er ook heel veel grizzlyberen in Rusland wonen en en en ...

— Rustig maar Koen, — zei de vader, — dat komt, omdat er niet genoeg **ruimte** is om alle informatie te **vermelden** die er **bestaat** over beren. Ik weet dat jij er veel meer over weet dan hier staat. Misschien **moet** je eens **overwegen** om in een dierentuin te werken later.

— Nee papa, — zei Koen met een **serieuze blik**, — dat is niets voor mij. Veel **te veel** mensen de hele dag.

Ze **liepen** door de tunnel in het berenbos en zagen drie of vier beren. Daan was erg verbaasd dat de beren best wel snel konden lopen. Dat was een verrassing, omdat beren zo **sloom** en **lui** lijken, **in ieder geval** de beren die hij in **tekenfilms** had **gezien**.

Na het berenbos kwamen ze **langs** een restaurant en omdat ze allemaal toe waren aan een lunchpauze, **gingen ze** naar binnen.

— Poffertjes, poffertjes, poffertjes! — begon Daan meteen te **jengelen**.

— Ja, ja, ik weet wat je wil eten, Daan, — zei moeder: — Poffertjes met een **glas sinaasappelsap**. En Koen, jij wil zeker een **pannenkoek** met appel en **stroop** en een **kop thee** met precies **anderhalf theelepeltje suiker**?

— Ja, **inderdaad**, — antwoordde Koen.

— Kom, Koen en Daan, wij gaan vast **zitten**, **terwijl** mama en Anke het eten **bestellen** en **brengen**, — zei vader.

Ze gingen aan een lege tafel zitten. Daan zag opeens een grote plastic beer waar je op kon zitten en **rende** erheen om te proberen er **bovenop** te klimmen. Vader Ad rende achter hem aan om te **helpen** en ze **bleven** even **spelen**, want Daan vond het heel leuk.

Toen ze terugkwamen bij de tafel **schrokken** ze, want Koen was opeens **weg**. Moeder Simone en Anke kwamen ook net aanlopen met het eten.

— O nee, Koen is weg! — zei vader Ad enorm **bezorgd** — Blijven jullie maar hier zitten, dan ga ik hem **zoeken**.

Eerst **doorzocht** Ad het hele restaurant, inclusief de **toiletten**, maar daar was Koen niet. Toen ging hij naar buiten en keek wat er **rondom** het restaurant was. Wat zou **het meest** de **aandacht** van zijn zoon trekken? Toen hij de ingang van het **aquarium** zag, wist de vader meteen dat hij daar eerst moest kijken. Hij rende erheen en ging naar binnen.

25

Het was een beetje **donker**, dus moest hij **voorzichtig rondkijken**. Al snel **kwam** hij bij een grote groep mensen die allemaal aandachtig aan het **luisteren** waren naar iemand die over de zeedieren vertelde. Hij **herkende** de stem meteen. Het was Koen! Hij **haastte** zich tussen de mensen door en **omhelsde** zijn zoon **vol opluchting**.

— Koen! Ik zei het toch: "Je moet **echt** overwegen om **dierentuingids** te worden, je bent hier als een **vis** in het water!"

Samenvatting van het verhaal

Een familie gaat met hun drie kinderen naar de dierentuin. De oudste zoon Koen is dertien, autistisch en een ontzettende dierengek. Ze verkennen verschillende delen van de dierentuin en gaan lunchen in een restaurant. Dan zit Koen opeens niet meer aan tafel en de bezorgde vader gaat hem zoeken, want vanwege zijn autisme is het niet veilig om hem alleen te laten. Gelukkig vindt hij Koen al snel in het aquarium, omringd door een groep mensen die allemaal naar hem luisteren terwijl hij hen veel interessante feiten over de dieren in het aquarium vertelt.

Summary of the story

A family takes their three children to the zoo. The eldest son is thirteen-year-old Koen, has autism and is absolutely crazy about animals. They explore different parts of the zoo and sit down for lunch at a restaurant. Then, all of a sudden, Koen is no longer at the table and the worried father starts looking for him immediately, because due to his autism it's unsafe to leave him alone. Fortunately, he quickly finds Koen in the aquarium, surrounded by a group of people who are all listening to him as he tells them many interesting facts about the animals in the aquarium.

Vocabulary

- **zomervakantie:** summer holidays
- **besloot:** decided
- **dierentuin:** zoo
- **kinderen:** children
- **vijfjarige:** five-year-old
- **vonden:** found
- **autistisch:** autistic
- **dieren:** animals
- **urenlang:** for hours on end
- **bekijken:** to watch
- **verschillende:** different
- **zeedieren:** marine animals
- **roggen:** rays
- **mag:** can
- **uitzoeken:** to research
- **tassen:** bags
- **flessen:** bottles
- **zorgden:** ensured
- **zomerkleren:** summer clothes
- **vertrokken:** left
- **betaalden:** paid
- **ingang:** entrance
- **kooien:** cages
- **papegaaien:** parrots
- **toekans:** toucans
- **vogels:** birds
- **poffertjes:** traditional tiny pancakes
- **vorige keer:** last time
- **ietsje later:** a little later
- **giraffen:** giraffes
- **olifanten:** elephants
- **allerlei:** all sorts of
- **grappig:** funny
- **want:** because
- **schaamden:** felt embarrassed
- **gekke:** crazy
- **sprongen:** jumps
- **geluiden:** sounds
- **zullen:** shall
- **beren:** bears
- **wolven:** wolves
- **gingen:** went
- **berenbos:** bear forest
- **genoemd:** called
- **een aantal:** a number of
- **stonden:** stood
- **aten:** ate
- **oud:** old
- **wogen:** weighed
- **wetenschappelijke naam:** scientific name
- **begon:** started

- **aandachtig:** attentively
- **mist:** missing
- **niets:** nothing
- **geschreven:** written
- **scherpe:** sharp
- **klauwen:** claws
- **winterslaap:** hibernation
- **ruimte:** space
- **vermelden:** mention
- **bestaat:** exists
- **moet:** should
- **overwegen:** consider
- **serieuze:** serious
- **blik:** look
- **te veel:** too many
- **liepen:** walked
- **sloom:** slow
- **lui:** lazy
- **in ieder geval:** in any case
- **tekenfilms:** cartoons
- **gezien:** seen
- **langs:** past
- **gingen:** went
- **jengelen:** to whine
- **glas:** glass
- **sinaasappelsap:** orange juice
- **pannenkoek:** pancake
- **stroop:** sugar syrup
- **kop:** cup
- **thee:** tea
- **anderhalf:** one-and-a-half
- **theelepeltje:** teaspoon
- **suiker:** sugar
- **inderdaad:** exactly
- **zitten:** sit down
- **terwijl:** while
- **bestellen:** order
- **brengen:** bring
- **rende:** ran
- **bovenop:** on top
- **helpen:** to help
- **bleven:** stayed
- **spelen:** to play
- **schrokken:** got a fright
- **weg:** gone
- **bezorgd:** worried
- **zoeken:** to search
- **doorzocht:** searched through
- **toiletten:** bathrooms
- **rondom:** surrounding
- **het meest:** the most
- **aandacht:** attention
- **aquarium:** aquarium
- **donker:** dark
- **voorzichtig:** carefully
- **rondkijken:** to look around
- **kwam:** came
- **aan het luisteren:** listening

- **herkende:** recognized
- **haastte:** hurried
- **omhelsde:** hugged
- **vol opluchting:** full of relief
- **echt:** really
- **dierentuingids:** zoo guide
- **vis:** fish

Questions about the story

1. **Welke dieren ziet de familie bij de ingang?**

   a) Roggen, vissen en andere zeedieren

   b) Giraffen, olifanten en zebra's

   c) Papegaaien, toekans en andere tropische vogels

   d) Apen, beren en wolven

2. **Welke dieren vond de vader leuk om na te doen?**

   a) Beren

   b) Apen

   c) Wolven

   d) Papegaaien

3. **Wat gaat Anke bestellen?**

   a) Poffertjes

   b) Een pannenkoek met appel en stroop

   c) Een glas sinaasappelsap

   d) Dat wordt niet genoemd

4. **Wat leidde de vader af waardoor hij niet doorhad dat Koen het restaurant uitliep?**

   a) Hij rende achter Daan aan en bleef met hem spelen

   b) Hij moest moeder en Anke helpen met het eten

   c) Er kwam een beer het restaurant inlopen

   d) Hij ging met Daan naar het toilet

5. **Wat was Koen aan het doen toen zijn vader hem vond in het aquarium?**

   a) Hij was roggen aan het zoeken

   b) Hij zat in een hoekje te huilen

   c) Hij was een groep mensen over de zeedieren aan het vertellen

   d) Hij stond naar een dierentuingids te luisteren

Answers

1) C
2) B
3) D
4) A
5) C

Chapter 4

IETS TE VEEL VAN HET GOEDE

Rogier de Vries werkte al jaren als **ICT-technicus** bij **uitzendbureau** Top Talenten. Hij was heel goed in zijn **baan**, misschien wel **deels** omdat hij erg **verlegen** was en dus niet veel tijd verloor door met collega's te kletsen. Hij was **inmiddels** bijna **veertig**, had geen **relatie** en ontmoette in het weekend **meestal** ook alleen zijn twee beste vrienden Bas en Joep.

Op een zaterdagochtend, een **maand** voor zijn **veertigste verjaardag,** was hij samen met Bas en Joep een eind gaan **fietsen** door de **weilanden**. Na **een tijdje** gingen ze op een mooi **plekje** bij een rivier zitten om hun **boterhammen** te eten. De frisse lucht en het mooie **uitzicht** zorgden ervoor dat Bas opener en emotioneler was dan normaal. Hij zei:

— Rogier, je bent **bijna** veertig, denk je **weleens** over je **huidige leven** na en of je er iets aan zou willen **veranderen**?

— Hmmm, — zei Rogier **bedachtzaam**, — ik ben **over het algemeen** gewoon **tevreden** met mijn leven. Maar soms heb ik het **gevoel** dat ik wat **assertiever** zou willen zijn. Met jullie kan ik goed praten, maar op mijn werk vind ik het **nog steeds** moeilijk om **socialer** te zijn en **uiteindelijk** ben ik daar bijna **iedere** dag.

Joep kreeg door Rogiers antwoord een idee voor een **verjaardagscadeautje** voor hem: een **assertiviteitscursus**. Hij wilde dat het een verrassing zou blijven dus zei hij op dat moment niets.

Een maand later was het zover: Rogier was **jarig**. De vraag van Bas was blijven **hangen** in zijn hoofd, dus hij besloot in ieder geval één ding anders te doen op zijn verjaardag. **Deze keer** kocht hij **behalve kersenvlaai** ook grappige **feesthoedjes** en deelde deze samen met een stukje kersenvlaai uit tijdens de **lunchpauze**. Zijn **collega's** waren verbaasd, maar vonden het leuk en deden allemaal hun feesthoedje op.

— Je wordt maar één keer veertig, toch? — zei hij met een **bescheiden glimlachje**.

Dat weekend **namen** Bas en Joep Rogier mee uit eten en na de **maaltijd** gaf Joep Rogier een **envelop,** en zei: — Je moet me **beloven** dat je dit cadeau gaat gebruiken.

Rogier maakte nieuwsgierig de envelop open en zag dat het een **cadeaubon** was voor een **tweedaagse** assertiviteitscursus. Dat had hij niet **verwacht**! Dat had Joep dus goed **onthouden** van dat ene **gesprek** aan de rivier.

— Oké, Joep, — zei Rogier **beslist**, — ik zal je niet **teleurstellen**. Ik **doe mee** aan de cursus.

Twee weken later, op zaterdag en zondag, was de cursus. Natuurlijk was Rogier een beetje **nerveus**, maar hij had **besloten** dat het nu of nooit was. Wat hem veel hielp was het feit dat de andere **deelnemers** het **duidelijk** ook best moeilijk vonden en **bovendien** waren de trainers en de methode heel goed. Rogier leerde dat hij niet zijn hele **persoonlijkheid** hoefde te veranderen, maar **gewoon** wat **vaker** moest zeggen wat hij dacht en af en toe wat **grapjes** zou kunnen maken.

Rogier was zo **enthousiast na** de cursus, dat hij besloot meteen zijn nieuwe **vaardigheden** uit te proberen op zijn werk. Die maandag hadden ze een **vergadering** en dat was zijn **uitdaging**.

Het was zijn **kans** om er niet alleen **stilletjes** bij te zitten. Alle collega's zaten met hun kopje koffie in de **vergaderzaal** nog even op een laatste collega te wachten, terwijl ze wat **kletsten**.

Hij **greep** zijn kans en vroeg aan de **receptioniste**: — Hey, Jessie, die **jurk** heb ik nog niet **eerder** gezien. Is die nieuw?

— Goed gezien, Rogier, — antwoordde Jessie **glimlachend**. — Hij is niet echt nieuw, want ik heb hem **tweedehands** gekocht, maar hij ziet er als nieuw uit, toch?

— Ja, of als een jurk die je van je **oma** hebt **geërfd**. Maar die retro-stijl is toch weer in tegenwoordig? — zei Rogier, **trots** op zijn grapje.

— Uhm, ja **zoiets**, — zei Jessie en ze keek opeens erg **verdrietig**.

De vergadering begon en Jessie was veel **stiller** dan normaal. De **volgende** dag **meldde** ze zich ziek. Rogiers **bazin**, Laura, vroeg aan hem of hij even naar haar **kantoor** kon komen.

— Mijn beste Rogier, — begon ze, — ik moet even met je praten over wat er **gisteren** is **gebeurd** tijdens de vergadering. Die **opmerking** over Jessies jurk en haar oma, ik weet dat die als een grap **bedoeld** was, maar Jessie is nu erg **overstuur,** want haar oma is vorige week **overleden**.

— Oh nee! — zei Rogier, — wat **erg**! Wat kan ik doen om het goed te maken?

— Ik **raad** je **aan** om **morgen** je **excuses aan te bieden**. En **voortaan** wat beter na te denken over je grapjes, — zei Laura.

Rogier ging die middag een **bos bloemen** kopen en was de volgende ochtend vroeg op kantoor. Toen hij Jessie binnen zag komen, ging hij snel naar haar toe en zei:

— Jessie, **het spijt me** enorm, **vergeef** je me voor wat ik over je jurk en je oma heb gezegd? Ik **geloof** dat ik nog niet zo goed ben in grappen maken.

— Dat klopt, Rogier, — zei Jessie, — maar **niemand** is perfect. Ik praat bijvoorbeeld vaak te veel. Bedankt voor de bloemen en natuurlijk vergeef ik je.

Rogier was erg opgelucht en had hiervan **geleerd** dat je sommige veranderingen niet moet **forceren**.

Samenvatting van het verhaal

Rogier is een verlegen ICT-technicus bij een uitzendbureau die voor zijn veertigste verjaardag een assertiviteitscursus cadeau krijgt van een goede vriend. Na de cursus probeert hij meteen wat socialer te zijn op zijn werk en een grapje te maken tijdens een vergadering. Helaas was zijn grap heel ongevoelig en raakte zijn collega daarvan overstuur en meldde zich de volgende dag zelfs ziek. Rogier kocht bloemen voor haar en bood zijn excuses aan. Hij begreep dat verandering tijd nodig heeft.

Summary of the story

Rogier is a shy IT technician at an employment agency who receives an assertiveness course from a friend as a gift for his fortieth birthday. After the course, he immediately tries to be more sociable at work and makes a joke during a meeting. Unfortunately, his joke turned out to be very insensitive and his co-worker was very upset afterwards, even calling in sick the day after. Rogier bought her flowers and said sorry to her, and learned that to change something takes time.

Vocabulary

- **ICT-technicus:** IT technician
- **uitzendbureau:** employment agency
- **baan:** job
- **deels:** partially
- **verlegen:** shy
- **inmiddels:** by now
- **veertig:** forty
- **relatie:** relationship
- **meestal:** usually
- **maand:** month
- **veertigste:** fortieth
- **verjaardag:** birthday
- **fietsen:** cycling
- **weilanden:** fields
- **een tijdje:** a while
- **plekje:** place
- **boterhammen:** sandwiches
- **uitzicht:** view
- **bijna:** almost
- **weleens:** ever
- **huidige:** current
- **leven:** life
- **veranderen:** to change
- **bedachtzaam:** thoughtful
- **over het algemeen:** in general
- **tevreden:** satisfied
- **gevoel:** feeling
- **assertiever:** more assertive
- **nog steeds:** still
- **socialer:** more sociable
- **uiteindelijk:** ultimately
- **iedere:** every
- **verjaardagscadeautje:** birthday present
- **assertiviteitscursus:** assertiveness course
- **jarig:** having his birthday
- **hangen:** stuck
- **deze keer:** this time
- **behalve:** apart from
- **kersenvlaai:** cherry pie
- **feesthoedjes:** party hats
- **lunchpauze:** lunch break
- **collega's:** co-workers
- **bescheiden:** shy
- **glimlachje:** little smile
- **namen:** took
- **maaltijd:** meal
- **envelop:** envelope
- **beloven:** promise
- **cadeaubon:** gift voucher
- **tweedaagse:** two-day
- **verwacht:** expected
- **onthouden:** remembered

- **gesprek:** conversation
- **beslist:** decidedly
- **teleurstellen:** disappoint
- **doe mee:** participate
- **nerveus:** nervous
- **besloten:** decided
- **deelnemers:** participants
- **duidelijk:** clearly
- **bovendien:** moreover
- **persoonlijkheid:** personality
- **gewoon:** simply
- **vaker:** more often
- **grapjes:** jokes
- **enthousiast:** enthusiastic
- **na:** after
- **vaardigheden:** skills
- **vergadering:** meeting
- **uitdaging:** challenge
- **kans:** chance
- **stilletjes:** quietly
- **vergaderzaal:** meeting room
- **kletsten:** chatted
- **greep:** grabbed
- **receptioniste:** receptionist
- **jurk:** dress
- **eerder:** before
- **glimlachend:** smiling
- **tweedehands:** second-hand
- **oma:** grandmother
- **geërfd:** inherited
- **trots:** proud
- **zoiets:** something like that
- **verdrietig:** sad
- **stiller:** more quiet
- **volgende:** next
- **meldde:** reported
- **ziek:** sick
- **bazin:** female boss
- **kantoor:** office
- **gisteren:** yesterday
- **gebeurd:** happened
- **opmerking:** comment
- **bedoeld:** meant
- **overstuur:** upset
- **overleden:** passed away
- **erg:** awful
- **raad aan:** suggest
- **morgen:** tomorrow
- **excuses aan te bieden:** say you're sorry
- **voortaan:** from now on
- **bos bloemen:** bunch of flowers
- **het spijt me:** I'm sorry
- **vergeef:** forgive
- **geloof:** think
- **niemand:** nobody
- **leerde:** learned

Questions about the story

1. **Wat vindt Rogier van zijn huidige leven?**
   a) Hij is redelijk tevreden, maar zou graag een vriendin willen
   b) Hij is redelijk tevreden, maar zou graag socialer en assertiever willen zijn op zijn werk
   c) Hij is redelijk tevreden, maar zou graag meer vrienden willen
   d) Hij is redelijk tevreden en dat vindt hij goed genoeg

2. **Wat kocht Rogier om met zijn collega's te delen op zijn verjaardag?**
   a) Feesthoedjes
   b) Kersenvlaai, feesthoedjes en een assertiviteitscursus voor iedereen
   c) Kersenvlaai en feesthoedjes
   d) Alleen kersenvlaai

3. **Wat vond Rogier van de assertiviteitscursus?**
   a) Hij vond het makkelijker dan de andere deelnemers
   b) Hij vond de methode en de trainers goed, maar hij vond ook dat ze teveel grapjes maakten
   c) Hij was te nerveus om de methode toe te passen
   d) Hij was nerveus net als de andere deelnemers, maar hij vond de methode heel goed en wilde deze meteen toepassen

4. **Waarom was Jessie zo overstuur na Rogiers opmerking?**
   a) Omdat haar oma juist gestorven was
   b) Omdat de jurk inderdaad van haar oma was geweest
   c) Omdat ze heel gevoelig was over haar kleding
   d) Omdat ze stiekem verliefd was op Rogier

5. Wat doet Rogier om het goed te maken met Jessie?

a) Hij geeft haar wat extra kersenvlaai
b) Hij biedt zijn excuses aan
c) Hij biedt zijn excuses aan en geeft haar een bos bloemen
d) Hij vraagt of ze met hem uit eten wil

Answers

1) B
2) C
3) D
4) A
5) C

Chapter 5

VERTAALFOUTJE

De **vijftigjarige** John was een **leraar** Nederlands op een middelbare school in Utrecht. Soms maakte hij **vertalingen** tussen het Engels en het Nederlands. Hij had een tijdje in Engeland gestudeerd en **gewoond** en nu had hij een e-mail ontvangen van Debbie, een Engelse **vrouw** die hij toen had leren kennen. Ze schreef dat ze hem wilde **bezoeken** in Nederland.

Dat vond hij **geweldig**, want hij had haar zeven jaar **geleden** in Engeland voor het laatst gezien. Bovendien was Debbie lerares Engels en wist ze heel veel van **literatuur**. Daar konden ze **uren over praten**. Hij e-mailde haar terug om te zeggen dat ze bij hem kon **logeren**.

Een paar maanden later was het tijd voor Debbies **bezoek**. John **trof** haar op Schiphol en ze namen de trein naar Utrecht. Die eerste dag dronken ze **voornamelijk** veel **kopjes** van de sterke Engelse thee die Debbie had meegebracht, terwijl ze over **boeken** en **schrijvers kletsten**. John vond het fijn om weer Engels te kunnen praten, want hij had daar meestal **weinig gelegenheid** voor.

— Debbie, één van de plekken die ik je wil laten zien is het Museum Meermanno in Den Haag. Dat is het **oudste** boekenmuseum ter **wereld**! — zei John enthousiast.

— Dat **klinkt** interessant, — zei Debbie — maar ik wil juist ook gewoon **typisch** Nederlandse **dingen** zien. In Engeland zit ik al de hele dag met mijn **neus** in de boeken.

— Dat is **waar,** — antwoordde John. — Zullen we dan morgen een dag Amsterdam **verkennen**? De **grachten**, het Van Gogh Museum, het Vondelpark, de Dam.

— Ja, laten we daar beginnen, — zei Debbie enthousiast. — Ik ben 22 jaar geleden voor het laatst in Amsterdam geweest, dus ik ben **benieuwd**.

Ze brachten de **hele** dag in Amsterdam door en Debbie vond het **boeiend** om te zien wat er in Amsterdam was **veranderd** en wat er nog steeds **hetzelfde** was **gebleven**. **Zoals** de meeste **bezoekers** aan Nederland **was** ze erg **onder de indruk** van de **hoeveelheid fietsers** en de **cafeetjes** in de stad.

De volgende dag was het tijd voor een **wandeling** op de Veluwe, een **uitgestrekt natuurgebied** dat bestaat uit bossen en heide. Debbie vond het mooi. Het deed haar denken aan **bepaalde** delen van het Engelse **platteland**.

De derde dag was de laatste dag van haar **verblijf** en **daarom** bleven ze in Utrecht. **'s Ochtends** wandelden ze door de stad en kocht Debbie nog wat souvenirs voor zichzelf en haar familie. John nam haar ook mee naar zijn favoriete **Griekse** restaurant. Die **middag** had John een **afspraak** bij de **tandarts**, dus zei hij tegen Debbie:

— Debs, ik moet zo naar de tandarts. Jij kan gewoon hier in het **centrum** blijven **rondkijken**. Laten we dan om half vijf **afspreken** aan het einde van deze **straat**, op de **hoek** bij het Domplein. Is dat goed?

— Oké, half vijf op de hoek daar, **prima**! **Veel succes** bij de tandarts, — zei Debbie.

John ging naar zijn afspraak bij de tandarts en was precies om half vijf bij de plek waar hij met Debbie had afgesproken. Hij zag dat ze er nog niet was. Er **verstreken** vijf minuten. Tien minuten. Een **kwartier**. Na **twintig** minuten was hij toch echt **ongerust** en ging zich allerlei dramatische scenario's **voorstellen**. Zou ze soms **verdwaald** zijn? Of misschien wel ergens **flauwgevallen** en had ze haar hoofd **gestoten**? Of nog iets **ergers**? Al die dingen **spookten door zijn hoofd**. Tijd om **in actie** te **komen**. Aan een man die op de hoek een **winkeltje** had, liet hij een foto van Debbie zien op zijn telefoon en vroeg hem:

— **Goedemiddag meneer**, heeft u misschien deze **mevrouw** gezien? Ze had hier al **bijna** een half uur geleden moeten zijn. Ze heet Debbie en ze komt uit Engeland.

— Goedemiddag. Hmm, nee hoor, — antwoordde de man en ging toen verder, — **laat** me **raden**, u heeft zeker met haar een afspraak gemaakt via het Internet en ze is niet **op komen dagen**. Dat kan gebeuren. De volgende keer hebt u misschien meer geluk — en hij gaf hem een **vriendelijk klopje** op zijn schouder.

— Nee, zo is het helemaal niet! — zei John **verontwaardigd**, — dit is een vriendin van me uit Engeland. Toch bedankt. Ik ga verder **vragen**.

John vroeg aan **meerdere** mensen van winkels en restaurants rond het plein of ze Debbie hadden gezien. Hij vroeg zich net af of hij de politie al moest **inschakelen** toen Debbie er rustig aan kwam lopen.

— Hoi, John! Hoe was het bij de tandarts? — zei ze **luchtig**.

— Debbie! Is **alles** goed? Je bent een uur te laat! Ik was zo bezorgd, — zei John.

— Te laat? Hoe bedoel je? *Half five* in het Engels is kort voor *half past five*, en zo laat is het nu, — zei Debbie.

— Oh, natuurlijk! — zei John en hij **begreep** dat hij een

vertaalfout had gemaakt tussen het Engels en het Nederlands. —
Wat dom van me! Maar gelukkig is alleen mijn ego nu een beetje
beschadigd en is jou niets **ernstigs overkomen**.

Debbie lachte en zei: — **Nou** John, hier kan je ooit een keer een
leuk **verhaaltje** over **schrijven**.

John lachte en **was het** daarmee **eens**. Ze gingen terug naar Johns
huis en moesten tijdens hun laatste avond samen nog vaak lachen
om zijn vergissing.

Samenvatting van het verhaal

De leraar Nederlands en freelance vertaler John krijgt zijn vriendin Debbie uit Engeland op bezoek. Ze bezoeken samen Amsterdam, een natuurgebied, en Johns woonplaats Utrecht. Op de laatste dag laat hij Debbie 's middags een tijdje alleen in Utrecht. Ze spreken op een bepaalde tijd en plaats af, maar ze komt niet opdagen. John wordt bang dat haar iets overkomen is en staat op het punt de politie in te schakelen. Op dat moment ziet hij Debbie toch komen. Het blijkt dat hij het Engelse uitdrukken van tijd niet goed had begrepen en daardoor een uur eerder was dan Debbie.

Summary of the story

Dutch literature teacher and freelance translator John gets a visit from his friend Debbie from England. Together, they visit Amsterdam, a nature reserve, and John's hometown. On the last day, he leaves Debbie alone in Utrecht for a while in the afternoon. They arrange to meet up at a specific time and place, but she doesn't show up. John is afraid that something has happened to her, and is about to call the police when Debbie appears. It turns out that he had misunderstood a British way of expressing time and subsequently showed up an hour earlier than Debbie.

47

Vocabulary

- **vijftigjarige:** fifty-year-old
- **leraar:** teacher
- **vertalingen:** translations
- **gewoond:** lived
- **vrouw:** woman
- **bezoeken:** to visit
- **geweldig:** amazing
- **geleden:** ago
- **literatuur:** literature
- **uren:** hours
- **over praten:** talk about
- **logeren:** to stay over
- **bezoek:** visit
- **trof:** met
- **voornamelijk:** mostly
- **kopjes:** cups
- **boeken:** books
- **schrijvers:** writers
- **kletsten:** chatted
- **weinig gelegenheid:** few occasions
- **oudste:** oldest
- **wereld:** world
- **klinkt:** sounds
- **typisch:** typically
- **dingen:** things
- **waar:** true
- **verkennen:** explore
- **grachten:** canals
- **benieuwd:** curious
- **hele:** whole
- **boeiend:** fascinating
- **veranderd:** changed
- **hetzelfde:** the same
- **gebleven:** stayed
- **zoals:** like
- **bezoekers:** visitors
- **hoeveelheid:** amount
- **fietsers:** cyclists
- **cafeetjes:** cafés
- **wandeling:** walk
- **uitgestrekt:** vast
- **natuurgebied:** natural reserve
- **bepaalde:** certain
- **platteland:** countryside
- **verblijf:** stay
- **daarom:** that's why
- **'s ochtends:** in the morning
- **Griekse:** Greek
- **middag:** afternoon
- **afspraak:** appointment
- **tandarts:** dentist
- **centrum:** center
- **afspreken:** arrange to meet
- **straat:** street

- **hoek:** corner
- **prima:** fine
- **veel succes:** good luck
- **verstreken:** passed
- **kwartier:** quarter of an hour
- **twintig:** twenty
- **ongerust:** worried
- **voorstellen:** imagine
- **verdwaald:** got lost
- **flauwgevallen:** fainted
- **gestoten:** bumped
- **ergers:** worse
- **spookten door zijn hoofd:** were haunting him
- **in actie komen:** take action
- **winkeltje:** little shop
- **goedemiddag:** good afternoon
- **meneer:** sir
- **mevrouw:** lady
- **bijna:** almost
- **laat:** let
- **raden:** guess
- **op komen dagen:** turned up
- **vriendelijk:** friendly
- **klopje:** tap
- **verontwaardigd:** indignant
- **vragen:** ask
- **meerdere:** several
- **inschakelen:** call in
- **luchtig:** casually
- **alles:** everything
- **bezorgd:** worried
- **begreep:** understood
- **vertaalfout:** translation mistake
- **beschadigd:** damaged
- **ernstigs:** serious
- **overkomen:** happened
- **nou:** well
- **verhaaltje:** little story
- **schrijven:** write
- **was het eens:** agreed (phrasal verb)

Questions about the story

1. **Hoe kennen John en Debbie elkaar?**

   a) John gaf Debbie Nederlandse lessen toen ze in Amsterdam woonde

   b) Debbie was Johns lerares toen John in Engeland studeerde en woonde

   c) Ze leerden elkaar kennen toen John in Engeland studeerde en woonde

   d) Ze leerden elkaar in Amsterdam kennen toen Debbie daar een weekend was

2. **Wat wil Debbie het liefst doen tijdens haar bezoek aan Nederland?**

   a) Ze wil weten of er in Nederland meer fietsers zijn dan in Engeland

   b) Ze wil graag naar het Museum Meermanno in Den Haag

   c) Ze wil een typisch Nederlands natuurgebied bezoeken

   d) Ze wil graag typisch Nederlandse dingen zien

3. **Waarvan was Debbie het meest onder de indruk na hun dagje in Amsterdam?**

   a) De hoeveelheid fietsers en cafeetjes in de stad

   b) Dat er in 22 jaar niets veranderd was

   c) Dat het veel op het Engelse platteland leek

   d) De hoeveelheid bezoekers

4. **Wat deden John en Debbie allemaal op de laatste dag van haar verblijf?**

   a) Ze gingen naar een cafeetje en fietsten rond in de stad

   b) Ze wandelden door de stad en Debbie kocht wat souvenirs

c) Ze wandelden door de stad, Debbie kocht wat souvenirs en ze gingen naar Johns favoriete restaurant

d) Debbie ging met John mee naar de tandarts

5. **Waarom was Debbie er niet op dezelfde tijd als John?**

a) Omdat John er een uur te vroeg was

b) Omdat Debbie er een uur te laat was

c) Omdat haar horloge nog op de Engelse tijd stond

d) Omdat er een misverstand was over de tijd waarop ze hadden afgesproken

Answers

1) C
2) D
3) A
4) C
5) D

Chapter 6

EEN LESJE VOOR ANNEMIJN

Het was 27 april, Koningsdag, en Annemijn was druk **bezig** om haar plekje op de **jaarlijkse** vrijmarkt **op te zetten**. Zoals in bijna alle **steden** in Nederland was er in haar **stad** ook een **vrijmarkt** waar iedereen **kleren**, **speelgoed**, boeken en ander **gebruikt huisraad** mocht **verkopen** op straat.

Dit jaar was Annemijn extra **gemotiveerd** om **zoveel mogelijk** te verkopen, omdat ze een hele **chique make-upset** op het oog had die haar beste vriendin ook had gekocht. Ze wilde niet **achterblijven**, maar de set kostte 150 euro en was dus te **duur** om van haar **zakgeld** te kopen. Haar **ouders** vonden dat een meisje van **twaalf** geen make-up nodig had, dus die wilden geen **geld bijleggen**.

Het was negen uur 's ochtends en er begonnen al wat mensen te komen om te kijken wat voor **koopjes** ze konden vinden. Annemijn zag **naast** haar nog een **meisje** van **ongeveer** haar **leeftijd** die veel **soortgelijke** dingen als zij had **neergezet**. **Stiekem** hoopte ze dat ze **meer** zou verkopen dan dat meisje, want ze moest en zou die make-up set kunnen kopen volgende week.

— Goedemorgen, **hoeveel kosten** deze boekjes van Nijntje en Jip en Janneke? — vroeg een vrouw **wiens dochtertje** de boekjes al aan het **doorbladeren** was.

— Hoi! Ah, die kosten 2 euro per stuk of 3 voor 5 euro, — antwoordde Annemijn.

— Oké, dan neem ik er zes. 10 euro dus? — vroeg de vrouw.

— Dat klopt, — zei Annemijn **blij**, — ik heb ook wat **knuffels** hier. Misschien vindt uw **kindje** die ook leuk?

— Nee, ik hoef alleen de boekjes. Hier heb je 10 euro. — Ze betaalde Annemijn en moest toen haar **peuter** proberen weg te krijgen van Annemijns plekje, waar veel speelgoed lag wat peuters **aantrok**. Ze zei tegen haar dochtertje: — Kom, we gaan nu verder, **schatje**!

Annemijn was blij met die eerste **verkoop** en hoopte dat het de hele **ochtend** zo goed zou gaan. De moeder was nu bij het meisje naast haar aan het kijken en kocht daar uiteindelijk een hele **hoop** knuffels voor **dertig** euro. Annemijn was meteen **jaloers**.

Er kwam een man naar een aantal **puzzels** kijken die Annemijn had.

— Goedemorgen, heb je ook puzzels met dieren erop? — vroeg de man.

— Hmm, nee, ik heb alleen de puzzels die u daar ziet: met **bloemen**, **landschappen** en **katten**, — antwoordde Annemijn.

— O, oké. Bedankt, — zei de man.

De man liep verder en, ja hoor, bij het meisje naast Annemijn kocht hij een hele **stapel** puzzels, want zij had toevallig wel veel dierenpuzzels. Annemijn **verborg** haar **gezicht** in haar handen en moest diep **ademhalen** om niet te gaan **huilen** van **jaloersheid**. Toen hoorde ze een **bekende stem**.

— Hé meid! Hoe gaat de verkoop? — vroeg Evelien, haar beste vriendin.

— Eef! Het gaat wel oké. We zullen zien, — antwoordde ze.

— Ik ben zelf op zoek naar wat **prentenboeken** voor mijn kleine broertje, heb je die toevallig? — vroeg Evelien.

— Nee, ik had wat Nijntje boekjes, maar die heb ik al verkocht, — antwoordde Annemijn.

— Oké, dan blijf ik zoeken. Succes Annie! Ik zie je maandag, — zei Evelien.

Ze liep verder, en … dit kon toch niet waar zijn. Zelfs haar beste vriendin kocht bij het meisje naast haar ongeveer tien prentenboeken. Gelukkig kwamen er daarna een paar ouders met kinderen die wat **poppen**, speelgoed en kleren kochten. Daarmee werd haar moraal weer wat **opgekrikt**. Rond 4 uur vond Annemijn dat ze het lang genoeg had **geprobeerd** en begon haar spullen in te pakken. Ze **telde** haar geld: 64 euro. Lang niet genoeg voor de make-up set. Wat was ze **teleurgesteld**.

Toen kwam er een man die een vrouw in een **rolstoel vooruit duwde** bij het meisje naast haar staan. De vrouw in de rolstoel zei:

— Hoi schat, hoe is het gegaan vandaag?

— Hoi mama! — antwoordde het meisje. — Best wel goed. Ik heb net het geld **geteld**. We hebben 162 euro **verdiend**, maar dat is niet genoeg voor de nieuwe **wielen** voor je rolstoel, of wel?

— De wielen kosten 220 euro, dus het is niet genoeg, maar je hebt het heel goed gedaan hoor, **lieverd**. We zien wel hoe we aan de rest komen, — zei de moeder van het meisje met **tranen** in haar ogen en ze **omhelsden** elkaar.

Toen Annemijn dit allemaal hoorde, **voelde** ze zich opeens zo **egoïstisch**. Het meisje had de hele dag dingen verkocht om haar moeder te helpen, terwijl zij alleen maar aan iets voor zichzelf dacht. **Al snel** wist ze wat ze moest doen, en ze sprak het meisje en haar ouders aan:

— Hoi, sorry, ik heb **per ongeluk** jullie gesprek gehoord en ik zou jullie graag mijn **opbrengsten** van de dag willen geven voor de

nieuwe wielen van de rolstoel. Hier, het is allemaal voor jullie. —
Annemijn gaf haar al het geld dat ze die dag verdiend had.

— Oh, wat **ontzettend lief** en **vrijgevig** van je. Ik heb er geen
woorden voor — zei de moeder en ze begon te huilen terwijl ze
Annemijns handen niet **losliet**.

— Wauw, dit **betekent** echt heel veel voor mijn familie, — zei het
meisje, die ook tranen in haar ogen kreeg. — Je bent een heel
goed persoon.

Annemijn wist dat ze dat compliment niet echt had verdiend,
maar ook dat ze die dag wel een **belangrijke** les had geleerd.

Samenvatting van het verhaal

Annemijn is een meisje dat een specifiek doel heeft op de jaarlijkse vrijmarkt van Koningsdag: 150 euro proberen te verdienen met het verkopen van haar tweedehands spullen, zodat ze een chique make-upset kan kopen. Naast haar zit een ander meisje dat uiteindelijk veel meer verkoopt dan Annemijn en ze wordt erg jaloers. Aan het eind van de dag komt ze erachter dat het meisje naast haar het geld voor nieuwe wielen voor haar moeders rolstoel nodig had, waardoor ze zich zo egoïstisch voelt dat ze besluit het geld wat ze die dag heeft verdiend aan het meisje en haar moeder te geven.

Summary of the story

Annemijn is a girl who has a very specific goal at the yearly fleamarket on King's Day: to try and make 150 euros by selling her second-hand items so she can buy a fancy makeup set. Next to her, there's another girl who ends up selling much more than Annemijn and she gets very jealous. At the end of the day, she finds out that the girl next to her needed the money to get new wheels for her mother's wheelchair, which makes her feel so selfish that she decides to give the girl and her mother the money she earned that day.

Vocabulary

- **bezig:** occupied
- **jaarlijkse:** yearly
- **op te zetten:** set up
- **steden:** cities
- **stad:** city
- **vrijmarkt:** flea market
- **kleren:** clothes
- **speelgoed:** toys
- **gebruikt:** used
- **huisraad:** household goods
- **verkopen:** sell
- **gemotiveerd:** motivated
- **zoveel mogelijk:** as much as possible
- **chique:** fancy
- **make-upset:** makeup set
- **achterblijven:** stay behind
- **duur:** expensive
- **zakgeld:** pocket money
- **ouders:** parents
- **twaalf:** twelve
- **geld:** money
- **bijleggen:** put in extra
- **koopjes:** bargains
- **naast:** next to
- **ongeveer:** approximately
- **leeftijd:** age
- **soortgelijke:** similar

- **neergezet:** put out
- **stiekem:** secretly
- **meer:** more
- **hoeveel:** how much
- **kosten:** cost
- **wiens:** whose
- **dochtertje:** daughter
- **doorbladeren:** leafing through
- **knuffels:** stuffed animals
- **kindje:** little child
- **peuter:** toddler
- **aantrok:** attracted
- **schatje:** darling
- **verkoop:** sale
- **ochtend:** morning
- **hoop:** heap
- **dertig:** thirty
- **jaloers:** envious
- **puzzels:** jigsaw puzzles
- **landschappen:** landscapes
- **katten:** cats
- **stapel:** pile
- **verborg:** hid
- **gezicht:** face
- **ademhalen:** breathe
- **huilen:** cry
- **jaloersheid:** envy

58

- **bekende:** familiar
- **stem:** voice
- **prentenboeken:** picture books
- **poppen:** dolls
- **opgekrikt:** improved
- **geprobeerd:** tried
- **telde:** counted
- **teleurgesteld:** disappointed
- **rolstoel:** wheelchair
- **vooruit duwde:** pushed
- **geteld:** counted
- **verdiend:** earned
- **wielen:** wheels
- **lieverd:** sweetie
- **tranen:** tears
- **omhelsden:** hugged
- **voelde:** felt
- **egoïstisch:** selfish
- **al snel:** soon enough
- **per ongeluk:** accidentally
- **opbrengsten:** proceeds
- **ontzettend:** incredibly
- **lief:** sweet
- **vrijgevig:** generous
- **losliet:** let go
- **betekent:** means
- **belangrijke:** important

Questions about the story

1. **Waarom wilde Annemijn de make-up set zo graag?**

   a) Om in te gaan tegen haar ouders, die de make-upset niet nodig vonden
   b) Omdat ze een doel wilde hebben voor de verkoop op de vrijmarkt
   c) Omdat haar beste vriendin de set ook had
   d) Omdat ze een professioneel model wilde worden

2. **Wat was het eerste dat ze verkocht?**

   a) Knuffels
   b) Boekjes van Nijntje en Jip en Janneke
   c) Speelgoed
   d) Puzzels met bloemen erop

3. **Waarom was ze jaloers op het meisje naast haar?**

   a) Omdat het meisje naast haar veel meer verkocht
   b) Omdat het meisje naast haar veel soortgelijke dingen als haar had
   c) Omdat het meisje naast haar de makeup set had
   d) Omdat het meisje naast haar meer chique puzzels had

4. **Hoeveel geld hadden Annemijn en het meisje naast haar nodig om hun doel te behalen?**

   a) Annemijn had nog 86 euro nodig en het meisje nog 68 euro
   b) Annemijn had nog 86 euro nodig en het meisje nog 58 euro
   c) Annemijn had nog 146 euro nodig en het meisje nog 58 euro
   d) Annemijn had nog 96 euro nodig en het meisje nog 108 euro

5. Wat was de reactie van de moeder in de rolstoel toen Annemijn haar haar eigen opbrengsten gaf?

a) Ze wilde het geld niet accepteren
b) Ze voelde zich beledigd
c) Ze vond het lief en vrijgevig
d) Ze vond het lief en vrijgevig en begon te huilen terwijl ze haar handen vasthield

Answers

1) C
2) B
3) A
4) B
5) D

Chapter 7

EXOTISCHE SMAKEN

Het was vrijdagavond en Pieter kreeg een **berichtje** van zijn moeder waarin ze zei dat ze de volgende dag bij hem langs zou komen.

— O nee, — zei Pieter tegen zichzelf. — **Waarom** doet ze dat nou altijd?

Hij vond het zo vervelend dat ze nooit vroeg of het uitkwam en zichzelf dus gewoon uitnodigde en hem dat bovendien maar één of twee dagen van tevoren **mededeelde**.

Pieter zat in het eerste jaar van zijn **studie** Economie aan de universiteit van Groningen en **woonde op kamers** met een paar vrienden. Hij vond zijn nieuwe **vrijheid** heerlijk, maar hij raakte altijd **gestrest** van zijn moeders bezoek. Vooral omdat ze altijd zo **doorging** over **gezond** eten en **koken**, aangezien zij zelf een **veganistische** chef was. Het leek wel of ze **expres** bleef eten om dan negatieve of **bezorgde** opmerkingen te maken over het eten dat hij kookte.

— Pietertje, je eet toch niet iedere dag spaghetti met **kaassaus** uit een **pakje**? — zei ze dan bezorgd. — Je weet dat je **hersenen** voor het **studeren** veel **verse groenten** en fruit nodig hebben.

— Nee, mama, natuurlijk eet ik dat niet iedere dag, — zei Pieter. Maar stiekem wist hij dat spaghetti met kaassaus wel **minstens** 3 per week zijn **avondeten** was.

Pieter probeerde zich snel te **herinneren welke** van zijn zes standaard**recepten** hij zijn moeder nog niet **voorgeschoteld** had. Hij kwam tot de conclusie dat hij ze allemaal al een keer had gemaakt. Wat nu? Eten **afhalen** was ook geen optie, want als hij dat zou doen, zou zijn moeder misschien wel **dreigen** bij hem te komen wonen om voor hem te koken!

Hij had gelukkig nog één nacht om een **oplossing** te verzinnen. Na een bord vol spaghetti met kaassaus en een paar films met zijn **huisgenoten** voor wat **afleiding** ging Pieter naar bed.

Zaterdagochtend na het **ontbijt** moest Pieter echt met een plan komen, maar dat plan kwam maar niet. Hij was gewoon te **onzeker** en te **onervaren** in de **keuken** om zomaar een gezond recept te kunnen **verzinnen**. Ook de recepten die hij online had gevonden door op "veganistische recepten" te zoeken, leken hem te **ingewikkeld** of **simpelweg** niet **lekker**.

Hopend op een wonder **stapte** hij **op** de fiets om naar de **markt** te gaan. Zodra hij bij de markt aankwam en zijn fiets in de **fietsenstalling** had gezet, zag hij twee meisjes die er **verdwaald bijstonden**. Hij besloot zijn hulp aan te bieden, want alles was beter dan aan koken denken.

— Hallo, kan ik jullie ergens mee helpen? — vroeg Pieter.

— Ja! We proberen de **biologische** winkel BioGroen te vinden, — antwoordde één van de meisjes. — We zijn namelijk nieuw in de stad. Ken je die winkel toevallig?

Pieter was daar met zijn moeder **geweest**, maar de winkel zat in een **klein zijstraatje** en was daardoor moeilijk te vinden. Dus hij zei — Ja, die ken ik. Ik loop wel even mee, dat is makkelijker dan **uitleggen**. Het is hier **vlakbij**.

Onderweg naar de winkel vertelden de meisjes Carlijn en Femke dat ze samen een biologisch restaurant aan het **opzetten** waren op de universiteitscampus. Pieter zag hen opeens als zijn **reddende engelen**. Hij **legde uit** hoe de situatie was met zijn **veeleisende** moeder en de meisjes gaven hem meteen een idee voor een recept. Carlijn zei:

— Dit gerecht vindt iedereen **lekker** en is heel makkelijk te maken: een **quinoasalade** met **avocado**, **zongedroogde tomaat**, **geroosterde amandelen** en **gefrituurde** tofoe.

— Een salade van quin-wat? — zei Pieter.

— Quinoa! — zei Carlijn. — Ken je dat niet? Een van de meest **voedzame** granen ter wereld. Het komt uit de **bergen** van Peru.

— Ehm, nee. Is dat moeilijk klaar te maken? Met **rijst** heb ik vaak problemen dat het allemaal **klonten** worden.

— Weet je wat? — zei Femke. — Zullen wij het gewoon bij jou **thuis** komen maken? En dan **zorgen** we dat we weer weg zijn **zodra** je moeder er is. Maar dan moet je wel beloven dat je één keer per week in ons nieuwe restaurant komt eten.

— Jullie weten niet hoeveel dat **zou** betekenen, — zei Pieter met een diepe **zucht** van **opluchting**.

Ze kochten alle **ingrediënten** en gingen naar Pieters huis om de quinoasalade te maken. Het leek inderdaad niet zo moeilijk en Pieter maakte wat **notities** om het misschien nog een keer te koken. Een uur voordat zijn moeder zou komen, gingen Carlijn en Femke weg. Pieter verzekerde hen dat hij zou laten weten of zijn moeder het lekker vond.

Om 4 uur kwam Pieters moeder aan en om 6 uur was het tijd om haar te **imponeren** met de quinoasalade.

— Mam, vandaag heb ik **iets speciaals** voor het avondeten voor je.

Ik hoop dat je het lekker vindt, — zei Pieter, terwijl hij een **bord** quinoasalade voor zijn moeder **opschepte**.

— Pieter! Quinoa en tofoe? Ik geloof mijn ogen bijna niet, — zei zijn moeder verbaasd en trots. — Heb je dit bij een biologisch restaurant **gekocht**?

— Nee, dat niet. Maar ik **geef toe** dat ik wel hulp heb gehad van de **eigenaressen** van een **toekomstig** restaurant. Je bent **blijkbaar** niet de enige die zo enthousiast is over dit **soort** eten. **Eet smakelijk**!

Samenvatting van het verhaal

Eerstejaars student Pieter krijgt een berichtje van zijn moeder waarin staat dat ze de volgende dag bij hem langs komt. Zijn moeder, die een veganistische chef is, bekritiseert hem altijd over het eten dat hij maakt en Pieter schiet dus meteen in de stress als hij nadenkt over wat hij deze keer kan maken. Op de markt leert hij twee meisjes kennen die toevallig experts zijn in veganistisch koken en ze helpen hem een heerlijk gezond recept te maken met allerlei exotische ingrediënten.

Summary of the story

Freshman student Pieter receives a message from his mother, saying that she'll come over the following day. His mother, who's a vegan chef, always criticizes him about the food he prepares, so Pieter immediately gets stressed thinking about what to make this time. On the way to the market he meets two girls who happen to be experts in vegan cooking, and they help him prepare a deliciously healthy recipe with all sorts of exotic ingredients.

Vocabulary

- **berichtje:** message
- **waarom:** why
- **van tevoren:** beforehand
- **mededeelde:** notified
- **studie:** university course
- **op kamers:** shared an apartment with roommates
- **vrijheid:** freedom
- **gestrest:** stressed
- **doorging:** went on and on
- **gezond:** healthy
- **koken:** cooking
- **veganistische:** vegan
- **expres:** on purpose
- **bezorgde:** worried
- **kaassaus:** cheese sauce
- **pakje:** package
- **hersenen:** brains
- **studeren:** to study
- **verse:** fresh
- **groenten:** vegetables
- **minstens:** at least
- **avondeten:** dinner
- **herinneren:** remember
- **welke:** which
- **recepten:** recipes
- **voorgeschoteld:** dished up
- **afhalen:** take away (food)
- **dreigen:** threaten
- **oplossing:** solution
- **huisgenoten:** roommates
- **afleiding:** distraction
- **ontbijt:** breakfast
- **onzeker:** insecure
- **onervaren:** inexperienced
- **keuken:** kitchen
- **verzinnen:** invent
- **ingewikkeld:** complicated
- **simpelweg:** simply
- **lekker:** tasty
- **stapte op:** got on
- **markt:** market
- **fietsenstalling:** bicycle rack
- **verdwaald:** lost
- **bijstonden:** were standing around
- **biologische:** organic
- **geweest:** been to
- **klein:** small
- **zijstraatje:** side street
- **uitleggen:** explain
- **vlakbij:** close
- **opzetten:** set up
- **reddende:** saving
- **engelen:** angels
- **legde uit:** explained

- **veeleisende:** demanding
- **zongedroogde tomaat:** sundried tomatoes
- **geroosterde:** roasted
- **amandelen:** almonds
- **gefrituurde:** fried
- **voedzame:** nutritious
- **bergen:** mountains
- **rijst:** rice
- **klonten:** chunks
- **thuis:** at home
- **zorgen:** ensure
- **zodra:** as soon as
- **zou:** would
- **zucht:** sigh
- **opluchting:** relief
- **ingrediënten:** ingredients
- **notities:** notes
- **imponeren:** impress
- **iets:** something
- **speciaals:** special
- **bord:** plate
- **opschepte:** served
- **gekocht:** bought
- **geef toe:** admit
- **eigenaressen:** owners
- **toekomstig:** future
- **blijkbaar:** apparently
- **soort:** type (of)
- **eet smakelijk:** enjoy your meal

Questions about the story

1. **Hoe lang van tevoren gaf Pieters moeder door dat ze langs zou komen?**

   a) Een week van tevoren

   b) Eén dag van tevoren

   c) Op de dag van haar bezoek

   d) Eén uur van tevoren

2. **Hoe vaak at Pieter spaghetti met kaassaus?**

   a) Minstens drie keer per week

   b) Iedere avond

   c) Drie keer per maand

   d) Dat wordt niet genoemd in het verhaal

3. **Waar zat de winkel die de meisjes zochten?**

   a) De winkel bestond niet meer

   b) Naast de bibliotheek

   c) Op de markt

   d) In een klein zijstraatje

4. **Had Pieter weleens van quinoa gehoord?**

   a) Ja, heel vaak

   b) Ja, af en toe

   c) Nee, nog nooit

   d) Hij wist het niet zeker

5. **Wat was Pieters moeders reactie op het eten dat hij haar voorschotelde?**

   a) Ze dacht dat hij het besteld had

   b) Ze was trots en verrast

   c) Ze was verbaasd en trots

   d) Ze was verbaasd en achterdochtig

Answers

1) B
2) A
3) D
4) C
5) C

Chapter 8

VALLEN EN OPSTAAN

Mijn lieve kinderen, ik wil jullie graag een verhaal vertellen over een **reis** naar de Ardennen die ik met jullie moeder heb gemaakt. Dat was ongeveer **vijfentwintig** jaar geleden, nog voordat jullie **geboren** waren. We woonden toen samen in Antwerpen en om ons eerste jaar samen te **vieren**, besloten we er een weekje **tussenuit** te **gaan** om in de Ardennen te gaan wandelen. Dat was onze eerste vakantie samen.

Jullie moeder was toen al een paar jaar professioneel **modefotografe** en wilde graag **een poging doen** om die **kennis** te gebruiken om wat dieren te fotograferen in de **bossen** en **heuvels** van de Ardennen. We namen de trein naar het **dorpje** Dinant, waar we in een klein hotel een kamer hadden **gereserveerd**.

— Sofie, wat is dit dorp **schilderachtig**. En zo stil als je het vergelijkt met onze **buurt** in Antwerpen, — zei ik.

— **Zonder twijfel**, — lachte jullie moeder, — ik krijg meteen **zin** om te **wandelen**, maar daar is vandaag niet genoeg tijd meer voor. Zullen we het dorpje een beetje verkennen?

We **slenterden** door de straatjes en keken rond. Wisten jullie dat de uitvinder van de saxofoon, Adolphe Sax, in Dinant geboren is? Daarom zijn er **diverse standbeelden** van saxofoons te vinden in het dorp.

De volgende ochtend was het zover: onze eerste dag om in de

prachtige groene heuvels rondom het dorpje te wandelen en foto's te maken van de **herten**, vogels en **adembenemende** uitzichten.

— Wout, ik heb mijn oude camera ook meegenomen, zodat jij ook een beetje kan experimenteren met **kiekjes** maken, terwijl ik de professionele foto's maak, — zei jullie moeder tegen mij.

— Ha, bedankt voor het **vertrouwen**! — zei ik. — Je weet maar nooit, misschien zit er wel een super natuurfotograaf **verscholen** in deze econoom.

We deden onze **wandelkleding** aan en met een kaart van de wandelroutes gingen we eropuit. De Ardennen is een prachtig **natuurgebied** met veel naaldbomen, **rivieren** en grote stukken **heide**. We **genoten** van de natuur en maakten foto's van de bomen en mooie uitzichten, maar je moeder wilde ook graag wat foto's hebben van wilde dieren, zoals herten, **dassen**, **wilde zwijnen**, **wasberen** en allerlei soorten vogels.

Al snel zag ik in de **verte** een hert over de heide rennen. Jullie moeder was net een foto aan het maken van een duindoorn, een **struik** met mooie **oranje besjes**. Ik begon meteen met foto's maken terwijl ik zei: — Sofie, kijk eens deze kant op. Daar rent een hert.

— Waar, waar? — zei ze, terwijl ze zich snel **omdraaide**. — Ik zie hem niet.

— Oh nee, nu is hij al tussen de bomen **verdwenen**, — zei ik.

Jullie moeder keek teleurgesteld en **mompelde** iets over dat ik het wel wat eerder had kunnen zeggen. We liepen verder en toen hoorde ik iets tussen de struiken **ritselen**. Ik keek die kant op en liep erheen. Deze keer **zwaaide** ik naar jullie moeder, zodat ze ook meteen zou komen. We liepen voorzichtig naar het geluid toe en

73

toen we zagen dat het een wasbeer was, begonnen we allebei foto's te maken. Jullie moeder kon de wasbeer niet zo goed zien en **kroop** over de **grond** iets **dichterbij.**

— Au! — riep ze opeens heel **hard**. — Ik ben ergens door **gestoken**. Au, au, het **doet pijn**!

— Ooh, ik zie het al. Het is maar een onschuldige **bij**. Kom maar hier, dan haal ik de **angel** eruit.

Jullie moeder schrok, maar de **pijn** was snel over en ze vond het geen reden om onze wandeling **af te breken**. We gingen verder en kwamen uit bij een prachtig riviertje waar we even gingen zitten om uit te rusten. Op een **tak** van een boom, dichtbij het water, zag ik opeens een **schitterende ijsvogel** zitten. Ik pakte langzaam mijn camera, **porde** jullie moeder in haar **zij,** en wees naar de tak. Ze pakte te **luidruchtig** haar camera waardoor de ijsvogel schrok en **wegvloog**. Jullie moeder wilde koste wat kost die ijsvogel fotograferen. Ze **sprong overeind** en begon de vogel te volgen terwijl ze tussen de struiken door liep. Totdat ze over een **boomwortel struikelde** en **voorover viel**.

— Au, au, mijn enkel! — gilde ze. — O nee, het doet echt heel erg pijn!

Ik rende naar haar toe en probeerde haar te helpen met **opstaan**, maar het bleek dat ze haar **enkel verzwikt** had en moeilijk kon lopen. Dit was vijfentwintig jaar geleden, kinderen, dus toen waren er nog geen mobiele telefoons waarmee je makkelijk iemand kon bellen in zo'n **noodsituatie**. We besloten dat de beste oplossing was dat zij daar bleef zitten terwijl ik het **dichtstbijzijnde** huis ging zoeken.

Ik vond gelukkig al snel een **boerderij** en de **boer** wilde natuurlijk helpen, maar hij had geen auto. Daarom bood hij aan om jullie moeder met een **ezel** op te halen, zodat ze niet hoefde te lopen. De **geduldige** ezel droeg jullie moeder bijna twee uur lang totdat we iemand met een auto **tegenkwamen** die ons **meenam** naar ons hotel in Dinant. Helaas konden we daarna geen **wandelingen** meer maken, maar we hebben met de hulp van een rolstoel nog wel een beetje van het dorp kunnen genieten.

— En de foto's, papa? Wie had de beste foto's van de dieren gemaakt?

Ik **wees** naar mezelf en zei: — Maar ik zou daar niets over zeggen tegen jullie moeder, want ze was daar nog **gevoeliger** over dan over haar enkel. En ze heeft het vanaf die dag gewoon bij de modefotografie gehouden.

Samenvatting van het verhaal

Wout vertelt zijn kinderen over de eerste reis die hij samen met hun moeder maakte naar een natuurgebied in de Ardennen. Sofie was toen al modefotografe en had grote plannen om veel mooie foto's van wilde dieren en de natuur te maken. Helaas ging er bij iedere gelegenheid voor een foto van wilde dieren iets mis en maakte Wout (die helemaal geen goede fotograaf was) veel betere foto's. Uiteindelijk verzwikte Sofie zelfs haar enkel terwijl ze probeerde een ijsvogel te fotograferen. Ze moest op de rug van een ezel een stuk terug rijden totdat ze een auto tegenkwamen. Vanaf die dag hield Sofie het bij modefotografie.

Summary of the story

Wout tells his children about the first holiday he ever went on with their mother, to a nature reserve named De Ardennen. Sofie was already a fashion photographer and had big plans to make lots of beautiful photos of wild animals and nature. Unfortunately, something went wrong with every opportunity for a photo of a wild animal and Wout (who wasn't a good photographer at all) took much better photos. In the end, Sofie even sprained her ankle when she was trying to take a photograph of a kingfisher. She had to ride on the back of a donkey for quite some distance until they ran into a car. From that day on, Sofie stuck to fashion photography.

Vocabulary

- **reis:** trip
- **vijfentwintig:** twenty-five
- **geboren:** born
- **vieren:** celebrate
- **tussenuit gaan:** get out for a break (phrasal verb)
- **modefotografe:** fashion photographer (female)
- **een poging doen:** to make an attempt (phrasal verb)
- **kennis:** knowledge
- **bossen:** forests
- **heuvels:** hills
- **dorpje:** little village
- **gereserveerd:** reserved
- **schilderachtig:** picturesque
- **buurt:** neighborhood
- **zonder twijfel:** without a doubt
- **krijg zin:** start to feel like (phrasal verb)
- **wandelen:** go for a walk
- **slenterden:** strolled through
- **diverse:** several
- **standbeelden:** statues
- **prachtige:** beautiful
- **herten:** deer (plural)
- **adembenemende:** breathtaking
- **kiekjes:** photos
- **vertrouwen:** faith
- **verscholen:** hidden
- **wandelkleding:** trekking clothes
- **natuurgebied:** nature reserve
- **rivieren:** rivers
- **heide:** moor
- **genoten:** enjoyed
- **dassen:** badgers
- **wilde zwijnen:** wild boars
- **wasberen:** raccoons
- **verte:** distance
- **struik:** bush
- **oranje:** orange
- **besjes:** berries
- **omdraaide:** turned around
- **verdwenen:** disappeared
- **mompelde:** mumbled
- **ritselen:** rustling
- **zwaaide:** waved
- **kroop:** crawled
- **grond:** ground
- **dichterbij:** closer
- **hard:** loudly

- **gestoken:** stung
- **doet pijn:** hurts (phrasal verb)
- **bij:** bee
- **angel:** stinger
- **pijn:** pain
- **af te breken:** cancel (phrasal verb)
- **tak:** branch
- **schitterende:** beautiful
- **ijsvogel:** kingfisher
- **porde:** poked
- **zij:** side
- **luidruchtig:** noisily
- **wegvloog:** flew away
- **sprong:** jumped
- **overeind:** up
- **boomwortel:** tree root
- **struikelde:** tripped
- **voorover:** forwards
- **opstaan:** get up
- **enkel:** ankle
- **verzwikt:** sprained
- **noodsituatie:** emergency situation
- **dichtstbijzijnde:** closest
- **boerderij:** farm
- **boer:** farmer
- **ezel:** donkey
- **geduldige:** patient
- **tegenkwamen:** ran into
- **meenam:** took
- **wandelingen:** hikes
- **wees:** pointed
- **gevoeliger:** more sensitive

Questions about the story

1. **Hoe oud waren de kinderen toen hun ouders Sofie en Wout op vakantie naar de Ardennen gingen?**

    a) 4 en 6 jaar oud
    b) 6 maanden en 2 jaar oud
    c) Ze waren nog niet geboren
    d) Dat wordt niet genoemd

2. **Waarom had Sofie haar oude camera meegenomen?**

    a) Omdat ze wilde kijken wie van de twee betere foto's zou maken
    b) Zodat Wout ook foto's kon maken
    c) Voor het geval dat haar moderne camera het niet meer zou doen
    d) Omdat die beter was voor fotografie van wilde dieren

3. **Welke wilde dieren komen er voor in de Ardennen?**

    a) Duindoorns, naaldbomen en allerlei soorten vogels
    b) Herten, dassen, wasberen, en allerlei soorten vogels
    c) Herten, dassen, wilde zwijnen, en wasberen
    d) Herten, dassen, wilde zwijnen, wasberen en allerlei soorten vogels

4. **Wat gebeurde er met Sofie toen ze een foto van de ijsvogel probeerde te maken?**

    a) Ze struikelde over een boomwortel en viel in de rivier
    b) Ze struikelde over een boomwortel en verzwikte haar enkel
    c) Ze werd door een bij gestoken
    d) Haar camera ging uit

5. Hoe kwamen ze van de rivier naar Dinant?

a) Ze wachtten bij de rivier totdat er een boer met een ezel langskwam

b) Sofie werd op een geleende ezel helemaal naar Dinant gereden

c) Wout vond een boerderij waar een boer hem een ezel leende, en die droeg Sofie totdat een auto hen verder vervoerde naar Dinant

d) Wout liep naar de weg en wachtte totdat er een auto langskwam die naar Dinant ging

Answers

1) C
2) B
3) D
4) B
5) C

Chapter 9

ONGEMAKKELIJKE INTERVIEWVRAGEN

Ik ben een **halfuur** te vroeg, — dacht Dina bij zichzelf. — Zal ik nu vast naar binnen gaan of hier om de hoek een kop koffie gaan drinken?

Dina stond op de **stoep** bij de ingang van het **gebouw** waar ze die dag om 10 uur 's ochtends een belangrijk gesprek had. Ze was dus **tamelijk** vroeg, maar **besloot** toch naar binnen te gaan.

Al snel vond ze de receptie van de organisatie **Rechten** voor **Asielzoekers**, het **goede doel** waar ze zou **solliciteren** op een **vacature** voor **Hoofd Fondsenwerver**. De receptioniste was heel **vriendelijk** en bood haar een kopje koffie aan.

Ondertussen keek Dina rond en las een brochure over het goede doel. Ze had de website van Rechten voor Asielzoekers **grondig** gelezen als onderdeel van haar **voorbereiding** op het **sollicitatiegesprek**, maar de brochure was goed om haar geheugen even **op te frissen**.

— Mevrouw Defranc? — zei een **jongeman** die met zijn hand uitgestrekt naar haar toeliep. — Ik ben Efrain Bertels, de **tijdelijke** assistent van mevrouw Haaijema, de directrice.

— Aangenaam. Dina Defranc, — zei Dina, en **schudde** zijn hand. — Het spijt me, ik ben nogal vroeg.

— Aangenaam! Geen probleem hoor, u kunt vast met mij meekomen naar de vergaderzaal totdat mevrouw Haaijema komt.

Ze gingen een kleine vergaderzaal binnen en gingen zitten. De jonge Efrain vertelde erg enthousiast dat hij **stage liep** als deel van zijn studie **Internationale Ontwikkeling**. Hij vertelde dat hij Dina's cv had gelezen en erg onder de indruk was van haar ervaring met **fondsenwerving**.

— Ik wilde even vragen, voordat het sollicitatiegesprek officieel begint, wat u gemotiveerd heeft om voor een **goed doel** te gaan werken in plaats van in de commerciële sector? Had u een **bepaalde persoonlijke motivatie**? — vroeg Efrain.

— Oh, — zei Dina nogal verrast, **aangezien** ze niet **gewend** was aan dat soort **informele** vragen. — Mijn korte **antwoord** daarop is dat als **fondsenwerver** werken eigenlijk de meest commerciële kant van **ontwikkelingsorganisaties** is, aangezien wij het geld binnenbrengen om al die **idealistische dromen** te kunnen **verwezenlijken**.

Dina zag dat Efrain nogal **verwonderd** keek na haar antwoord en ze moest een beetje **gniffelen** om zijn **jeugdige onschuld**.

— Oké, maar, — zei hij toen, — heeft u dan niet een diep **gevoel** van **voldoening** als u weer een grote **hoeveelheid** geld **verzekert** bij **particulieren** of een **vermogensfonds**? Het idee dat u mensen heeft **geholpen** met hun **schrijnende behoeftes?**

— Ik kan je **eerlijk** zeggen dat het gevoel van voldoening met de jaren wel wat **vermindert,** jongeman. Maar het is **hartverwarmend** om te horen dat dit bij de jongere **generaties blijkbaar** nog wel het geval is, — zei Dina bijna **moederlijk**.

Efrain **staarde** met zijn grote **bruine ogen bewonderend** naar Dina alsof hij met prinses Diana zat te praten.

— Er zit zoveel kennis in uw **woorden**. Mijn **ziel** is ontzettend **dankbaar** voor deze **ontmoeting**, — zei hij **mijmerend**, en ging toen verder — wat zou het geweldig zijn als iemand met uw ervaring onze organisatie zou komen **versterken**. U heeft naast uw **buitengewone werkervaring** ook zo'n **fijne**, zachte **uitstraling**. Heeft u dat al vaker **gehoord**?

Die opmerking **overschreed duidelijk** de **grenzen** van een professionele **omgeving** en nu moest Dina snel nadenken over haar antwoord. Het echte sollicitatiegesprek was nog niet eens **begonnen**. Gelukkig was ze **verstandig** en **diplomatiek**, en ze antwoordde:

— Jongeman, ik denk niet dat die vraag **noch** het antwoord veel **bijdragen aan** het sollicitatieproces en ook niet aan de **bevordering** van je stage, dus ik zal **doen alsof** ik het niet gehoord heb.

Efrains grote bruine ogen keken toen **diep teleurgesteld**, maar zijn jeugdige **optimisme weerhield** hem er niet van om nog één keer het net uit te gooien en hij zei: — Dan zal ik de vraag even **herformuleren**, Dina. Ik zou je graag willen **uitnodigen** om ...

— Mevrouw Defranc uitnodigen om wat te doen, beste Efrain? — zei een **vrouwenstem** in een **strenge** toon achter hen, terwijl de directrice Efrain met een nog **strengere uitdrukking** aankeek. — Goedemiddag, mevrouw Defranc, ik ben de directrice, Tanja Haaijema, en ik denk dat de eerste stap van dit sollicitatiegesprek is om vriendelijk aan meneer Bertels **mee te delen** dat hij deze kamer **onmiddellijk** moet **verlaten**. Bovendien wacht hem straks een serieus gesprek met deze directrice.

Efrain **had door** dat hij net een hele grote **vergissing** had gemaakt, werd **lijkbleek** en liep met zijn hoofd **voorovergebogen** de kamer uit.

De directrice ging zitten en **zuchtte** diep, **waarna** ze zei:

— Mevrouw Defranc, ik weet niet precies wat Efrain allemaal tegen u gezegd heeft, maar ik kan u **verzekeren** dat het absoluut niet onze **waarden** als organisatie **weergeeft. Desondanks** zou ik het begrijpen als u naar aanleiding van deze situatie wenst om niet met het sollicitatiegesprek door te gaan.

— Mevrouw Haaijema, als vrouwen van een bepaalde leeftijd hebben we al heel wat **meegemaakt** en weten we allebei nog wel hoe het was om jong te zijn. Dus maakt u zich geen zorgen, laten we met de eerste vraag beginnen. Het **merkwaardige** begin van dit gesprek maakt het misschien alleen maar interessanter, — zei Dina, met een **samenzweerderige knipoog**.

De directrice keek Dina opgelucht aan en zei: — Fijn, dan kunnen we nu met de serieuze vragen beginnen.

Samenvatting van het verhaal

Dina Defranc heeft een sollicitatiegesprek voor de functie van Hoofd Fondsenwerver bij een goed doel. Ze is een halfuur te vroeg en de directrice is er nog niet, maar ze wordt ontvangen door Efrain, een stagiair en de assistent van de directrice. Hij stelt eerst een onschuldige vraag over de motivatie voor haar baan, maar probeert haar daarna uit te vragen. Net op dat moment komt de directrice de vergaderzaal binnen, heeft de situatie meteen door en stuurt hem direct weg. Ondanks het ongemakkelijke begin wil Dina toch met het sollicitatiegesprek doorgaan.

Summary of the story

Dina Defranc has a job interview for the position of Head Fundraiser for an NGO. She arrives half an hour early and the director isn't there yet, but she is received by Efrain, an intern and the director's assistant. He first asks an innocent question about her motivation for the job, but then tries to ask her out. Right at that moment, the director comes into the room, directly understands the situation, and tells him to leave the room immediately. Despite the uncomfortable start, Dina still wants to continue with the interview.

Vocabulary

- **halfuur:** half an hour
- **stoep:** sidewalk
- **gebouw:** building
- **tamelijk:** fairly
- **Rechten:** Rights
- **Asielzoekers:** Asylum seekers
- **solliciteren:** apply for
- **vacature:** job vacancy
- **Hoofd Fondsenwerver:** Head Fundraiser
- **grondig:** thoroughly
- **voorbereiding:** preparation
- **sollicitatiegesprek:** job interview
- **op te frissen:** refresh
- **jongeman:** young man
- **stage liep:** was on an internship
- **Internationale Ontwikkeling:** International Development
- **fondsenwerving:** fundraising
- **goed doel:** charity
- **persoonlijke:** personal
- **motivatie:** motivation
- **aangezien:** seeing as
- **gewend:** used to
- **informele:** informal
- **antwoord:** answer
- **ontwikkelingsorganisaties:** development organizations
- **idealistische:** idealistic
- **dromen:** dreams
- **verwezenlijken:** turn into reality
- **verwonderd:** surprised
- **gniffelen:** chuckling
- **jeugdige:** youthful
- **onschuld:** innocence
- **gevoel:** feeling
- **voldoening:** satisfaction
- **verzekert:** ensures
- **particuliere:** private
- **vermogensfonds:** fund
- **geholpen:** helped
- **schrijnende:** harrowing
- **behoeftes:** needs
- **eerlijk:** honest
- **vermindert:** reduces
- **hartverwarmend:** heartwarming
- **generaties:** generations
- **blijkbaar:** apparently
- **staarde:** stared

- **bruine:** brown
- **ogen:** eyes
- **bewonderend:** admiringly
- **woorden:** words
- **ziel:** soul
- **versterken:** strengthen
- **buitengewone:** extraordinary
- **werkervaring:** work experience
- **fijne:** nice
- **uitstraling:** charisma
- **gehoord:** heard
- **overschreed:** crossed
- **duidelijk:** clearly
- **grenzen:** boundaries
- **omgeving:** environment
- **verstandig:** sensible
- **diplomatiek:** diplomatic
- **noch**: nor
- **bijdragen aan:** contribute to
- **beleving:** experience
- **doen alsof:** pretend
- **diep:** deeply
- **teleurgesteld:** disappointed
- **weerhield:** inhibited
- **herformuleren:** reformulate
- **uitnodigen:** invite
- **vrouwenstem:** female voice
- **strenge:** sternly
- **strengere:** even more stern
- **uitdrukking:** expression
- **mee te delen:** inform
- **onmiddellijk:** immediately
- **verlaten:** leave
- **had door:** realized
- **vergissing:** mistake
- **lijkbleek:** white as a sheet
- **voorovergebogen:** sagging forward
- **zuchtte:** sighed
- **waarna:** after which
- **verzekeren:** ensure
- **waarden:** values
- **meegemaakt:** been through
- **merkwaardige:** peculiar
- **samenzweerderige:** conspiratorial
- **knipoog:** wink

Questions about the story

1. Hoe had Dina zich voorbereid op het sollicitatiegesprek?

a) Ze had haar cv uit haar hoofd geleerd
b) Ze las snel een brochure terwijl ze in receptie zat
c) Ze had de website van Rechten voor Asielzoekers gelezen
d) Ze had de website van Rechten voor Asielzoekers uit haar hoofd geleerd

2. Wat is Efrains functie bij Rechten voor Asielzoekers?

a) Hij doet onderzoek over asielzoekers voor zijn studie
b) Hij loopt stage bij Personeelszaken
c) Hij loopt stage als assistent van de directrice
d) Hij werkt als assistent van de directrice

3. Wat zegt Dina dat ze voelt in haar baan als fondsenwerver?

a) Ze voelt heel veel voldoening omdat ze idealistische dromen kan verwezenlijken
b) Ze voelt alleen een professionele voldoening omdat ze de commerciële kant van de organisaties gaande houdt
c) Het voelt hartverwarmend om mensen met schrijnende behoeftes te kunnen helpen
d) Ze ontwijkt de vraag en zegt niet specifiek hoe ze zich voelt

4. Hoe reageert mevrouw Haaijema op Efrains misstap?

a) Ze vraagt hem de vergaderzaal te verlaten
b) Ze vraagt hem de vergaderzaal te verlaten en zegt dat ze straks een streng gesprek met hem zal hebben
c) Ze vraagt hem de vergaderzaal te verlaten en ontslaat hem meteen
d) Ze zegt er niets over

5. **Hoe voelt mevrouw Haaijema, de directrice, zich over het incident met Efrain?**

   a) Ze geeft aan dat het niet de waarden van de organisatie weerspiegelt en biedt haar excuses aan
   b) Ze geeft aan dat het niet de waarden van de organisatie weergeeft
   c) Ze schaamt zich en zegt het interview af
   d) Ze zegt er niets over en begint met de eerste vraag

Answers

1) C
2) C
3) D
4) B
5) A

Chapter 10

BOERDERIJ OF STAD

Het was zes uur 's ochtends en Berend liep **vrolijk fluitend** over zijn **erf**. Het was nog **stikdonker** buiten, maar hij kende de route **uit zijn hoofd** en hoefde dus niet eens een **zaklamp** te gebruiken. Berend was al bijna vijfentwintig jaar de eigenaar van deze boerderij in de prachtige provincie Drenthe en hij kon zich niet **voorstellen** dat er mensen waren die er de **voorkeur aan gaven** om in de grote stad te wonen.

Natuurlijk was het zwaar **werk** met de **koeien** die iedere dag **verzorgd** moeten worden, maar hij kon zich niet voorstellen om de hele dag in een kantoor opgesloten te zitten achter de computer. Steeds meer **stadslui** waar hij mee praatte zeiden zelf ook dat **ze het zat waren** in de stad. Die dag zou zijn nichtje Jantine **langskomen** met een vriendin en hij was al benieuwd hoe het **plattelandsleven** hen zou **bevallen**.

Berend ging de **koeienstal** binnen en zette de **hekken** van de koeien open, zodat ze het **veld** op konden om daar de hele dag te **grazen**. Terwijl de koeien buiten rustig hun gras **herkauwden**, maakte hij de koeienstal schoon. Later op de ochtend hoorde hij zijn mobiele telefoon **rinkelen**.

— Oom Berend, met Jantine. We zijn er! Ik sta met mijn auto op je erf, — zei zijn nichtje Jantine met een enthousiaste stem.

— Oké, mooi. Ik kom er zo aan, — antwoordde Berend.

Hij **waste** zijn handen en **laarzen** grondig en liep naar de ingang van zijn erf waar Jantine haar vriendin al trots over haar ooms boerderij aan het vertellen was.

— Hallo, meid! Dat is lang geleden. **Herken** je het nog een beetje? — zei Berend.

— Natuurlijk, oom Berend! Hoeveel **zomers** heb ik hier wel niet **doorgebracht** met papa en mama, — zei Jantine. — Dit is mijn vriendin Meike. Kan je geloven dat ze nog nooit op een boerderij is geweest?

— Hallo, Meneer van Tol. Bedankt voor uw **gastvrijheid**. Ik mag wel foto's maken, toch? — vroeg Meike.

Toen Berend **instemmend knikte**, begon ze meteen selfies te maken met de boerderij en velden op de **achtergrond**. Berend schudde met zijn hoofd en bood aan om hen voor het middageten eerst de boerderij te laten zien. Omdat de koeien in het veld stonden, nam hij ze mee naar de stal waar de varkens stonden.

— Hier zijn laarzen om aan te doen. Ik zou niet met die mooie **gymschoenen** deze stal ingaan, — zei Berend.

De meisjes deden de laarzen aan en **volgden** Jantines oom de stal in.

— Wauw, wat een **stank**! — zei Meike, terwijl ze haar **neus dichtkneep**. — Ik word er bijna misselijk van, jullie niet?

Berend en Jantine **giechelden beiden** en Berend zei als grapje: — Oh sorry, dat komt vast door de **bonen** die ik gisteren heb gegeten.

Voor Meike was het helemaal niet **lachwekkend**. Berend liet de meisjes zien hoe je kon **inschatten** hoe oud een varken was. Jantine wist het al en Meike lette niet op. Ze was bezig met één hand haar neus **dicht te houden** en met haar andere hand een selfie te maken met een **biggetje** op de achtergrond toen ze opeens in de **modder uitgleed** en op haar **achterste** op de grond viel, midden op de **modderige** vloer. Maar erger nog, haar telefoon vloog bij het vallen uit haar hand en viel midden in een hoop verse **varkensmest**.

— **Getsie**, — riep Meike uit, — mijn nieuwe **spijkerbroek**! Mijn mobieltje! Wat **vies** allemaal!

Jantine liep naar haar vriendin toe en hielp haar overeind. De **doorgewinterde** boer Berend deed zijn best om niet te lachen en richtte zijn **aandacht** op Meikes mobiele telefoon die hij met een **handschoen** uit de mest probeerde te halen.

Toen zei hij: — Misschien is dit **apparaat** nog te **redden** hoor. We zullen zien. Kom, we gaan naar mijn huis, dan kunnen jullie **douchen** en je **omkleden** en zal ik jullie wat **zelfgemaakte** kaas en brood laten proberen.

Jantine liep samen met een **bibberende** Meike naar haar ooms huis toe. Binnen was het **knus** en **rook** het heerlijk. Na haar **douche** was Meike alweer in een veel betere **bui**. Ze aten heerlijke boterhammen met kaas en het leek alsof haar mobiele telefoon het na een **grondige schoonmaak** nog steeds **deed**.

— Zo meiden, nu we hebben gegeten, zijn de dieren weer **aan de beurt**! Zijn jullie klaar om me te helpen de **schapen**, **geiten** en **paarden** te **voeren**? — vroeg Berend — Ik zou je telefoon maar hier laten, Meike.

— Fijn te horen dat boeren wel gevoel voor humor hebben, — zei Meike en stak haar tong uit. — Oké, kom, we gaan.

Ze liepen eerst naar de wei waar Berends drie paarden stonden. Samen legden ze **hooi** en **maïs** in de **voerbakken** en wachtten totdat de paarden eraan kwamen **galopperen**. Toch kwamen er maar twee paarden.

— **Bruinhals** is **achtergebleven**. Dat is mijn **drachtige** merrie, — zei Berend **verontrust**. — Misschien is ze nu al aan het **veulenen**. We moeten meteen gaan kijken.

Ze liepen de wei in en toen ze bij Bruinhals **aankwamen**, lag die op het gras en was het veulenen al begonnen. Berend belde snel zijn **buurman** die **dierenarts** was en **gespecialiseerd** was als **paardenarts**. Hij kwam binnen tien minuten en hielp Bruinhals een prachtig **veulen** ter wereld brengen. Jantine en Meike hadden nog nooit een **geboorte** van een veulen gezien en waren **ontroerd**.

Meike, de selfie-prinses, zei zelfs: — Hiervoor zou ik zonder probleem twintig telefoons opgeven.

Na een heerlijke **avondmaaltijd** met **groentesoep** en nog meer boterhammen met kaas gingen ze allemaal moe maar **voldaan** slapen, **terugblikkend** op een speciale dag.

Samenvatting van het verhaal

Jantine en haar vriendin Meike gaan Jantines oom Berend op zijn boerderij bezoeken. Meike is een echte stadsmeid en nog nooit eerder op een boerderij geweest. Ze is voornamelijk druk bezig om selfies te maken. Tijdens één van die selfies glijdt ze uit waardoor ze voluit in de modder valt en haar mobiele telefoon in een berg varkensmest belandt. Gelukkig doet de telefoon het nog en na een douche kan Meike er ook wel weer om lachen. Het hoogtepunt van het bezoek komt die middag als ze de onverwachte geboorte van een veulen meemaken.

Summary of the story

Jantine and her friend Meike are visiting Jantine's uncle Berend on his farm. Meike is a real city girl and has never been to a farm before. She is mostly occupied taking selfies. While taking one of those selfies, she slips and falls flat in the mud as her phone ends up landing in a pile of pig manure. Fortunately, the phone is still working and after a shower, Meike is able to laugh about it. The highlight of the visit comes that afternoon when they experience the unexpected birth of a foal.

Vocabulary

- **vrolijk:** cheerfully
- **fluitend:** whistling
- **erf:** farmstead
- **stikdonker:** pitch dark
- **uit zijn hoofd:** by heart
- **zaklamp:** flashlight
- **voorstellen:** imagine
- **voorkeur gaven:** preferred
- **werk:** work
- **koeien:** cows
- **verzorgd:** looked after
- **stadslui:** city folk
- **ze het zat waren:** they were fed up (phrasal verb)
- **langskomen:** stop by
- **plattelandsleven:** countryside life
- **bevallen:** like
- **koeienstal:** cow shed
- **hekken:** gates
- **wei:** pasture land
- **grazen:** graze
- **herkauwden:** ruminated
- **rinkelen:** ringing
- **waste:** washed
- **laarzen:** boots
- **herken:** recognize
- **zomers:** summers

- **doorgebracht:** spent
- **gastvrijheid:** hospitality
- **instemmend knikte:** nodded in agreement
- **achtergrond:** background
- **gymschoenen:** sneakers
- **volgden:** followed
- **stank:** stench
- **dichtkneep:** pinched shut
- **giechelden:** giggled
- **beiden:** both
- **bonen:** beans
- **lachwekkend:** funny
- **inschatten:** to estimate
- **dicht te houden:** keep shut
- **biggetje:** piglet
- **modder:** mud
- **uitgleed:** slipped
- **achterste:** backside
- **modderige:** muddy
- **varkensmest:** pig manure
- **getsie:** yuck
- **spijkerbroek:** jeans
- **vies:** disgusting
- **doorgewinterde:** seasoned
- **aandacht:** attention
- **handschoen:** glove
- **apparaat:** device

- **redden:** save
- **douchen:** have a shower
- **omkleden:** get changed
- **zelfgemaakte:** home-made
- **bibberende:** shivering
- **knus:** cozy
- **rook:** smelled
- **douche:** shower
- **bui:** mood
- **grondige:** thorough
- **schoonmaak:** clean-out (noun)
- **deed:** worked
- **aan de beurt:** their turn
- **schapen:** sheep
- **geiten:** goats
- **paarden:** horses
- **voeren:** feed
- **hooi:** hay
- **maïs:** corn
- **voerbakken:** feeding trough
- **galopperen:** galloping
- **Bruinhals:** Brownneck (name of the horse)
- **achtergebleven:** stayed behind (phrasal verb)
- **drachtige:** pregnant (adjective specifically used for horses)
- **verontrust:** worried
- **veulenen:** to give birth to a foal
- **aankwamen:** arrived
- **buurman:** neighbor
- **dierenarts:** veterinary
- **gespecialiseerd:** specialized
- **paardenarts:** equine veterinarian
- **veulen:** foal
- **geboorte:** birth
- **ontroerd:** moved (emotionally)
- **avondmaaltijd:** dinner
- **groentesoep:** vegetable soup
- **voldaan:** fulfilled
- **terugblikkend:** reminiscing

Questions about the story

1. **Vindt Berend het leuk om te boer zijn?**

   a) Nee, maar hij kan geen andere baan vinden

   b) Nee, maar hij is al bijna met pensioen

   c) Ja, want hij kende het erf uit zijn hoofd

   d) Ja, hij kan zich niet voorstellen om in een kantoor in de stad te werken

2. **Wat deed Berend als eerste?**

   a) Hij deed zijn zaklamp aan

   b) Hij maakte de hekken van de koeien open

   c) Hij maakte de koeienstal schoon

   d) Hij nam zijn telefoon op

3. **Waarom gleed Meike uit?**

   a) Omdat ze flauwviel van de stank

   b) Omdat ze schrok van de varkens

   c) Omdat ze een selfie aan het maken was en de vloer glad was van de modder

   d) Omdat ze een video aan het maken was en niet goed uitkeek

4. **Wat deden ze nadat Meike was uitgegleden?**

   a) Ze gingen de mobiele telefoon repareren

   b) Ze gingen zelf kaas maken

   c) Ze gingen douchen en eten

   d) Ze gingen de schapen, geiten en paarden voeren

5. **Wat is Meike's mening over haar bezoek aan Berends boerderij?**

   a) Ze vond het een hele speciale ervaring, ondanks het ongelukje met haar telefoon
   b) Ze vond het een hele speciale ervaring, vanwege het ongelukje met haar telefoon
   c) Ze vond het vreselijk, omdat ze haar telefoon niet kon opladen
   d) Ze vond het verschrikkelijk, want haar telefoon rook nog steeds naar varkensmest

Answers

1) D
2) B
3) C
4) C
5) A

Chapter 11

LIEFDE MAAKT BLIND

Moniek belde aan bij haar vriendin Kiki met een enorme **zak chips** en een **fles wijn** in haar rugzak. Het was zaterdagavond en haar beste vriendin had die avond ook geen zin om naar de **kroeg** te gaan, dus hadden ze besloten samen een film te kijken. De deur ging open, Kiki omhelsde haar, keek haar **lief** aan en zei: — Hallo schoonheid, kom binnen! Ik heb de perfecte film al gevonden voor **vanavond**.

— Niet iets romantisch toch? Dat is wel het laatste waar ik behoefte aan heb! — antwoordde Moniek.

Kiki keek haar **veelbetekenend** aan en trok haar de **drempel** over. Het was nu al bijna vier maanden geleden sinds de vier jaar durende relatie van Moniek tot een abrupt einde was gekomen. Kiki vond dat Moniek nog veel te veel aan die **stomme** Stijn dacht. Ze had haar vriendin al **overgehaald** om één van die date apps te installeren om nieuwe **jongens** te leren kennen, maar Moniek zei dat ze dat allemaal te **oppervlakkig** vond.

— Dus ... de film voor vanavond is: Hartenstraat! — zei Kiki, met een stralende glimlach.

— Oh Kiki, **hou op**! Ik **blijf** gewoon single de rest van mijn leven. Die films helpen echt niet, — zei Moniek **nors**.

— Jij, single blijven? **Geen sprake van!** Zo'n **knappe** meid als jij, met je unieke rode **krullen** en **groene** ogen, **sportief** en **in vorm**, vijfentwintig jaar, cum laude **afgestudeerd**, met een **veelbelovende carrière** en ook nog eens lief en **gevoelig**. Jouw probleem is: je kan **krijgen** wie je wil, maar je wil alleen iemand die je niet kan krijgen, — zei Kiki. — En hoe zit het met je dating apps? Die ene Mark bijvoorbeeld, met dat korte, **blonde** haar en die schattige **kuiltjes**, die zichzelf **beschreef** als **gespierd** én **filosofisch** én **idealistisch**. Ga je daarmee afspreken?

— Sorry Kiki. Ik heb die dating apps allemaal **verwijderd**. Ik vond het allemaal te **afgezaagd** en te veel **gericht** op het **uiterlijk**. Mensen zijn veel meer dan **haarkleur, lengte** en **gewicht**, — zei Moniek **vastberaden**.

— Je bent zo **voorspelbaar**, — zei Kiki en vervolgde toen met een **ondeugende uitdrukking**, — en daarom heb ik alvast een **gebruikersnaam** voor je **aangemaakt** op de website "Liefde is Blind", want dat past perfect bij jou. Het is een dating website zonder foto's waar je niet je echte naam mag gebruiken, zodat je je niet door het uiterlijk laat leiden.

— Je bent onverbeterlijk, Kiki, — zei Moniek.

Alhoewel het als een **onnozele** website **klonk**, was ze ook wel nieuwsgierig, dus keken ze samen op Kiki's laptop naar een aantal profielen van anonieme **vrijgezellen**. Er zaten er een paar tussen die haar toch wel interessant leken en Kiki **haalde haar over** om de jongens een berichtje te sturen. Toen sloten ze de website om een documentaire over Nepal te kijken en dacht Moniek er verder niet meer aan die avond.

De volgende dag ging Moniek thuis uit nieuwsgierigheid toch weer op de website en zag dat één van de twee jongens haar had geantwoord. Ze besloot zijn profiel eerst opnieuw te bekijken. 'FilosoVis' beschreef zichzelf als **rustig, diepzinnig** en gevoelig, en was vooral op zoek naar meisjes om mee te **filosoferen**, niet per se voor een relatie. Dat lijkt wel een **mannelijke** versie van mezelf, dacht Moniek bij zichzelf.

Ze besloot hem een berichtje terug te sturen en langzaam maar zeker werden de berichtjes steeds **regelmatiger**. Na meer dan drie weken stelde 'FilosoVis' voor om af te spreken in een restaurant in haar stad. Moniek **twijfelde aanvankelijk**, maar bedacht dat het misschien zou helpen om Stijn uit haar hoofd en hart te krijgen, dus zei ze ja.

Op de dag van de afspraak was ze tien minuten te laat, omdat ze zo **zenuwachtig** was. 'FilosoVis' had via het Internet **aangegeven** dat hij een tafel had gereserveerd onder de naam Van Kant. De **serveerster** zei dat Meneer Van Kant er al was en vroeg Moniek haar te volgen.

Moniek **trilde** bijna van de **zenuwen** en toen ze bij de tafel aankwamen en 'Meneer Van Kant' zag, bleef ze **sprakeloos** staan. Daar zat Stijn, haar ex-vriend. Hij keek op en zijn mond bleef ook een **eeuwigheid openhangen**. Uiteindelijk zei hij: — Moniek. Heb je dit expres zo opgezet? Wist je wie ik was?

— Ik wilde je net hetzelfde vragen! — zei Moniek — En nee, natuurlijk niet. Dat zou ik nooit doen. Je kent me toch.

— Nou ja, aangezien we hier nu zijn, wil je dan toch even praten? Of heb je liever dat ik wegga? — vroeg Stijn.

Moniek wilde juist niets liever dan met Stijn praten, aangezien hun relatie vanwege **onduidelijke** redenen was geëindigd. Ze bleef en de twee praatten urenlang open en eerlijk over hun gevoelens. Die avond werden er geen **beslissingen** genomen of romantische plannen gemaakt, maar om vaker samen offline te filosoferen stond wel op de kaart en dat **vooruitzicht** was voor beiden **veelbelovend**, maar niet te **eng**.

Samenvatting van het verhaal

Moniek gaat op een zaterdagavond bij haar vriendin Kiki een film kijken. Vier maanden daarvoor is haar relatie stukgelopen en Moniek is er nog steeds niet overheen. Kiki probeert haar te helpen bij het proces door haar aan te melden bij allerlei dating apps, maar Moniek heeft tot nu toe weinig interesse laten zien. Die avond probeert Kiki het nog één keer met een website waar alle informatie anoniem is en daar raakt Moniek wel met een jongen aan de praat. Ze chatten steeds meer en een aantal weken later besluiten ze in het echt af te spreken. Als Moniek bij het restaurant aankomt, blijkt de anonieme vrijgezel haar ex, Stijn, te zijn.

Summary of the story

Moniek goes to watch a movie at her friend Kiki's on a Saturday night. Four months earlier, her relationship ended and Moniek hasn't quite gotten over it. Kiki tries to help her in the process by signing her up for all sorts of dating apps, but Moniek hasn't shown much interest so far. That night, Kiki tries one more time with a website where all information is anonymous, and on that site Moniek does end up talking to a guy. They start chatting more and more and a few weeks later they decide to meet up in real life. When Moniek gets to the restaurant, the anonymous bachelor turns out to be her ex-boyfriend, Stijn.

Vocabulary

- **zak:** bag
- **chips:** potato chips
- **fles:** bottle
- **wijn:** wine
- **kroeg:** bar
- **lief:** sweet
- **vanavond:** tonight
- **veelbetekenend:** meaningful
- **drempel:** doorstep
- **stomme:** stupid
- **overgehaald:** convinced
- **jongens:** guys
- **oppervlakkig:** superficial
- **hou op:** stop it
- **blijf:** stay
- **nors:** grumpily
- **geen sprake van!:** no way!
- **knappe:** good-looking
- **krullen:** curls
- **groene:** green
- **sportief:** athletic
- **in vorm:** in shape
- **afgestudeerd:** graduated
- **veelbelovende:** promising
- **carrière:** career
- **gevoelig:** sensitive
- **krijgen:** get
- **blonde:** blond
- **kuiltjes:** dimples
- **beschreef:** described
- **gespierd:** muscly
- **filosofisch:** philosophical
- **idealistisch:** idealistic
- **verwijderd:** removed
- **afgezaagd:** cheesy
- **gericht:** focused
- **uiterlijk:** appearance
- **haarkleur:** hair color
- **lengte:** height
- **gewicht:** weight
- **vastberaden:** decisively
- **voorspelbaar:** predictable
- **ondeugende:** cheeky
- **uitdrukking:** expression
- **gebruikersnaam:** username
- **aangemaakt:** created
- **onnozele:** silly
- **klonk:** sounded
- **vrijgezellen:** bachelors
- **haalde haar over:** convinced her
- **rustig:** calm
- **diepzinnig:** profound
- **filosoferen:** philosophize
- **mannelijke:** male
- **regelmatiger:** more regular

- **twijfelde:** hesitated
- **aanvankelijk:** initially
- **zenuwachtig:** nervous
- **aangegeven:** indicated
- **serveerster:** waitress
- **trilde:** trembled
- **zenuwen:** nerves
- **sprakeloos:** speechless

- **eeuwigheid:** eternity
- **openhangen:** hanging open
- **onduidelijke:** unclear
- **beslissingen:** decisions
- **vooruitzicht:** prospect
- **hoopgevend:** hopeful
- **eng:** scary

Questions about the story

1. **Waarom wilde Moniek geen romantische film kijken?**

   a) Dat wordt niet genoemd

   b) Omdat ze daar niet van hield

   c) Omdat dat dat aan haar ex deed denken

   d) Omdat ze liever op de dating apps wilde rondkijken

2. **Hoe beschreef Kiki de persoonlijkheid van haar vriendin Moniek?**

   a) Knap, sportief, intelligent, lief en gevoelig

   b) Sportief, intelligent, lief en gevoelig

   c) Knap, met krullen en groene ogen en gevoelig

   d) Veelbelovend, lief en gevoelig

3. **Was het slim van Kiki om Moniek aan te melden op die "Liefde is Blind" dating website?**

   a) Nee, want daarom keken ze de film "Hartenstraat" uiteindelijk niet

   b) Nee, want haar vriendin werd er heel boos over

   c) Ja, want het was een gratis website

   d) Ja, want daar lag de nadruk niet op het uiterlijk

4. **Wat denkt Moniek over het profiel van FilosoVis?**

   a) Dat die jongen geobsedeerd is door filosofie

   b) Dat die jongen veel overeenkomsten met haar heeft

   c) Dat die jongen leuker klinkt dan Mark van die andere dating app

   d) Dat die jongen haar aan haar ex doet denken

5. Wat besloten Moniek en Stijn op de avond van hun onverwachte afspraak?

a) Ze besluiten dat ze nog niet eerlijk over hun gevoelens konden praten

b) Ze maken romantische plannen

c) Ze besluiten niets definitiefs, maar wel dat ze vaker gaan afspreken

d) Ze besluiten dat ze elkaar nooit meer willen zien

Answers

1) C
2) B
3) D
4) B
5) C

Chapter 12

VOOROORDELEN

Op een **frisse** septemberochtend was er rond zeven uur 's ochtends een **handjevol** mensen aan het **hardlopen** in het Stadspark in Antwerpen. Er waren hier en daar ook wat mensen die een **dankbare hond uitlieten**.

Rianne was een crossfit-fanaat die meestal in een sportschool crossfit-lessen nam. Een keer per week deed ze haar routine **in haar eentje** in het park. Ze stond **paraat** met haar **gewichten**, **springtouw** en een **opblaasbare** fitnessbal.

Ze begon met vijf minuten **strekken** en **opwarmen** en vervolgde toen met haar **uitdagende** crossfit-routine. Vijftig **buikoefeningen** op de fitnessbal, gewichten **heffen**, **dertig** keer **opdrukken**, **twee minuten** met het springtouw en allemaal weer opnieuw. Na de derde ronde van de routine vloog na **zeventien** buikoefeningen het ventiel van haar fitnessbal er opeens uit.

— Argh! Wat nu? — zei ze **hardop**. Ze was nog lang niet klaar met de repetities van de routine en was altijd heel **gedisciplineerd** met haar sport. Ze keek rond en zag dichtbij een vrouw op een yogamat zitten, met een fitnessbal naast haar. — **Wie niet waagt, wie niet wint**, — zei ze tegen zichzelf en liep erheen.

— Goeiemorgen! Pardon. Sorry dat ik je **stoor**. Ik zie dat je ook een fitnessbal hebt, en die van mij is net kapotgegaan. Zou ik misschien die van jou **vijftien** minuten **mogen lenen**? — vroeg ze beleefd.

De vrouw gaf niet onmiddellijk antwoord, waarschijnlijk omdat ze in een **ingewikkelde positie** stond op één been terwijl ze haar andere been uitgestrekt **vasthield** en vooral met haar **ademhaling** bezig was. Ze kwam langzaam uit de positie en zei, — Goeiemorgen. Dat is prima, neem maar mee.

— Oké, geweldig! Bedankt, — zei Rianne en ze nam de bal mee.

Rianne maakte haar routine af, pakte haar spullen in en nam de bal terug mee naar de vrouw.

— Heel erg bedankt. Zo heb ik toch mijn complete sessie kunnen doen, — zei ze.

— Graag gedaan. Wat voor sport doe je? — vroeg de vrouw. — Ik heet Vera, **trouwens**.

— Ik ben Rianne. Ik doe crossfit. Al drie jaar lang. Mijn doel is om mee te doen aan de Crossfit Games dit jaar. Ik denk dat het wel gaat lukken, — zei ze trots.

— Gefeliciteerd. Ik doe al tien jaar yoga en mijn doel daarmee is ... gewoon om yoga te blijven doen. Als ik wat **leniger** wordt, is dat een mooie **bijkomstigheid**, — zei Vera.

— Wauw. Dat zou ik echt niet kunnen: een sport zonder specifiek doel. Ik zou dan geen motivatie kunnen vinden, denk ik, — zei Rianne.

— Misschien moet je het maar eens proberen. Wie niet waagt, wie niet wint, toch? Zaterdagmiddag geef ik een les hier in het park. Probeer het eens! — zei Vera.

— Waarom ook niet. Maar alleen als jij ook aan één les crossfit meedoet, — zei Rianne.

Vera twijfelde even, maar zei toen: — Oké, ik ga de uitdaging aan. Ik moet ook eens iets nieuws proberen.

Die zaterdagmiddag kwam Rianne naar het park voor haar yogales met Vera. Ze was er helemaal klaar voor. Dit zou natuurlijk heel makkelijk zijn voor iemand met **zulke sterke spieren** als zij. Iemand leende haar een yogamat en Vera begon: — We beginnen met de lotuspositie: kruis beide benen over elkaar, met beide voeten op de knieën.

Dat kon Rianne echt niet, daar was ze zeker niet lenig genoeg voor. Ze zag dat alle andere mensen het wel konden. Vera ging verder: — Nu is het tijd voor de **zonnegroet**. Ga **rechtop staan**, adem diep in, **reik** met je armen **omhoog, buig naar voren. Breng** je voeten **naar achteren** en blijf in de positie van de plank staan. Breng nu je **knieën**, **borst** en **voorhoofd** naar de grond. Nu openen we de borst omhoog en brengen we ons hoofd **zo ver mogelijk** naar achter. **Duw** nu je **heupen omhoog** totdat je **lichaam** een **driehoek** of **piramide vormt**.

Dit was moeilijker dan Rianne had verwacht, vooral omdat ze eerder sterk dan lenig was en zo lang in dezelfde positie moest blijven. Maar ze hield van uitdagingen en deed tijdens de hele les haar best. De laatste tien minuten waren een **geleide** meditatie voor de **ontspanning**. Na de les kwam Vera naar Rianne toe en vroeg wat ze ervan vond.

Rianne antwoordde: — Ik **moet toegeven** dat het moeilijker was dan ik verwacht had! Het voelt wel alsof ik echt **gesport** heb en ik voel me heel anders dan na een crossfitsessie: veel **rustiger**. Ik snap nu een stuk beter waarom mensen zo **dol zijn op** yoga.

— Wat goed! Daar ben ik blij om, — antwoordde Vera. — Nu is het mijn **beurt** om crossfit te proberen. Ik zie je morgenochtend om zeven uur hier.

De volgende ochtend waren ze allebei vroeg in het park voor Vera's **privéles** crossfit. Rianne legde de routine uit en ze begonnen. Vera was een stuk sterker dan Rianne had verwacht en ze **merkte op** dat ze bepaalde **ademhalingsoefeningen** gebruikte die bleken te helpen. Na veertig minuten zweten waren ze klaar en bood Vera aan om samen wat yoga**rekoefeningen** te doen voor de cool-down.

— En? Wat vond je ervan? — vroeg Rianne **naderhand**.

— Nou, het was zeker een uitdaging en ik kreeg er wel **gigantische adrenalinestoot** van. Ik kan me voorstellen dat het **verslavend** werkt. Toch past het niet bij mij, het voelt me te **gejaagd** aan. Als nieuwe ervaring was het wel interessant. Bedankt! Ik zal vanaf nu minder **bevooroordeeld** zijn tegenover mensen die crossfit doen.

Samenvatting van het verhaal

Rianne is een crossfit-fanaat die in het park een trainingssessie doet als haar fitnessbal opeens leegloopt. Ze leent een fitnessbal van Vera, een vrouw die dichtbij yoga aan het doen is. Ze raken aan de praat en Vera nodigt Rianne uit om een keer een yogales te proberen. Rianne stemt in, maar daagt Vera uit om dan ook een keer crossfit met haar te doen. Ze gaan de uitdaging aan en het is voor beiden een interessante ervaring om een heel andere soort sport te proberen die vooral hun vooroordelen aan de kaak stelt.

Summary of the story

Rianne is a cross-training fanatic who sees her fitness ball suddenly deflate during a training session in the park. She borrows a fitness ball belonging to Vera, a woman that is doing yoga nearby. They start talking and Vera invites Rianne to come and try a yoga class. Rianne says yes, but also challenges Vera to do cross-training with her. They accept the challenge and it turns out to be a very interesting experience for both to try a very different kind of sport, challenging above all their prejudices.

Vocabulary

- **frisse:** fresh
- **handjevol:** handful
- **hardlopen:** jogging
- **dankbare:** grateful
- **hond uitlieten:** walked a dog
- **in haar eentje:** on her own
- **paraat:** ready
- **gewichten:** weights
- **springtouw:** jumprope
- **opblaasbare:** inflatable
- **strekken:** stretching
- **opwarmen:** warming up
- **uitdagende:** challenging
- **buikoefeningen:** abdominal exercises
- **heffen:** lifting
- **dertig:** thirty
- **opdrukken:** push ups
- **twee:** two
- **minuten:** minutes
- **zeventien:** seventeen
- **hardop:** out loud
- **gedisciplineerd:** disciplined
- **wie niet waagt, wie niet wint:** if you don't try, you can't win (proverb)
- **stoor:** to interrupt
- **vijftien:** fifteen
- **mogen:** could
- **lenen:** borrow
- **ingewikkelde:** complicated
- **positie:** pose
- **vasthield:** held
- **ademhaling:** breathing
- **trouwens:** by the way
- **leniger:** more flexible
- **bijkomstigheid:** extra benefit
- **zulke:** such
- **sterke:** strong
- **spieren:** muscles
- **zonnegroet:** sun salutation
- **rechtop:** straight
- **staan:** stand up
- **reik:** reach
- **omhoog:** upwards
- **buig:** bend
- **naar voren:** forwards
- **breng:** bring
- **naar achteren:** backwards
- **knieën:** knees
- **borst:** chest
- **voorhoofd:** forehead
- **zo ver mogelijk:** as far as possible
- **duw:** push

- **heupen:** hips
- **lichaam:** body
- **driehoek:** triangle
- **piramide:** pyramid
- **vormt:** shapes
- **geleide:** led
- **ontspanning:** relaxation
- **moet:** must
- **toegeven:** admit
- **gesport:** done exercise
- **rustiger:** calmer
- **dol zijn op:** be crazy about
- **beurt:** turn
- **privéles:** private class
- **merkte op:** noticed
- **ademhalingsoefeningen:** breathing exercises
- **rekoefeningen:** stretching exercises
- **naderhand:** afterwards
- **gigantische:** gigantic
- **adrenalinestoot:** adrenaline rush
- **verslavend:** addictive
- **gejaagd:** rushed
- **bevooroordeeld:** prejudiced

Questions about the story

1. **Hoe vaak per week doet Rianne crossfit?**

   a) Iedere dag

   b) Om de dag

   c) Vijf keer per week in de sportschool en één keer per week in het park

   d) Dat wordt niet genoemd

2. **Waarom gaf Vera niet onmiddellijk antwoord toen Rianne vroeg of ze de fitnessbal mocht lenen?**

   a) Omdat ze Rianne niet hoorde

   b) Omdat ze de vraag niet begreep

   c) Omdat ze erover aan het denken was of ze Rianne haar fitnessbal wel wilde lenen

   d) Omdat ze in een ingewikkelde yogapositie zat en die eerst af wilde maken

3. **Waarom was de yogales moeilijker dan verwacht voor Rianne?**

   a) Omdat ze niet sterk genoeg was

   b) Omdat ze heel sterk was, maar niet zo lenig

   c) Omdat ze het te langzaam vond gaan

   d) Omdat ze nerveus werd van de geleide meditatie

4. **Wat voor techniek gebruikte Vera tijdens de crossfit-routine?**

   a) Geen enkele

   b) Meditatietechnieken

   c) Ademhalingsoefeningen

   d) Rekoefeningen

5. Wat vond Vera van de crossfit-les?

a) Ze kreeg er een adrenalinestoot van en het was voor haar te gejaagd, maar wel een interessante ervaring

b) Ze kreeg er een adrenalinestoot van en het was voor haar te gejaagd

c) Ze vond het een verslavende uitdaging

d) Haar vooroordelen over crossfit werden bevestigd

Answers

1) D
2) D
3) B
4) C
5) A

Chapter 13

TELEFONISCHE BUREAUCRATIE

Hallo lezers van mijn blog! Zoals jullie weten, ben ik korte tijd geleden naar Nederland verhuisd vanuit Zuid-Afrika. Ik ben Zuid-Afrikaans en ben daar **opgegroeid**, maar mijn ouders zijn Nederlands en daarom spreek ik **vloeiend** Nederlands. Ik begrijp ook best veel van de cultuur van het land, maar van sommige praktische dingen **sta ik** nog steeds **versteld**.

Dit is wat ik deze week heb **geleerd** van de Nederlandse bureaucratie en **directheid**. Laat ik eerst even een **verschil** in bureaucratische processen uitleggen tussen Zuid-Afrika en Nederland. Hier in Nederland **proberen** ze zoveel mogelijk processen **zodanig** te automatiseren dat je ze per telefoon of per Internet kan **regelen**. Terwijl je in Zuid Afrika meestal **papierwerk persoonlijk** op het **juiste** kantoor moet doen. Vaak na heel lang in de **rij** te hebben gestaan.

Het proces wat ik nu **voor elkaar** probeer te **krijgen** is om mijn Zuid-Afrikaanse **universiteitsdiploma** te registreren bij de Nederlandse **overheid**, aangezien ze daarom hebben gevraagd bij het uitzendbureau waar ik me in wilde schrijven.

Vrijdagochtend belde ik het **Informatiecentrum Diplomawaardering** en dit is ongeveer hoe het **telefoongesprek** ging:

— Welkom bij het Informatiecentrum Diplomawaardering. Als u het **referentienummer** van uw **aanvraag** heeft, **toets** het nu in. **Zoniet**, toets 2 voor de receptie.

Ik toetste 2.

— Welkom bij het Informatiecentrum Diplomawaardering. Alle **lijnen** van onze **medewerkers** zijn op het moment **bezet**. Even **geduld** alstublieft.

Tien minuten **wachten** later **nam** er eindelijk iemand **op**:

— Goedemorgen, Informatiecentrum Diplomawaardering, met Katja Klooster, waarmee kan ik u **van dienst zijn**?

— Goedemorgen, u spreekt met Boris Heiman. Ik bel om te vragen hoe het gaat met mijn aanvraag.

— Oké, Meneer Heiman. Kunt u me het referentienummer van uw aanvraag geven?

— Oh, ik heb nog geen referentienummer. Ik heb namelijk al twee weken geleden per post mijn universiteitsdiploma **opgestuurd** voor de diplomawaardering. En ik heb nog steeds niets **teruggehoord** en dat is wel erg **zorgwekkend**.

— Meneer, in dat geval moet ik u **doorverbinden** met een andere **afdeling**. Een momentje alstublieft.

Ik werd doorverbonden en door een nieuwe stem gegroet.

— Goedemorgen, afdeling Diplomawaardering, met Lonneke Verbaars. Hoe kan ik u helpen?

— Goedemorgen, u spreekt met Boris Heiman. Ik bel dus om te vragen hoe het gaat met mijn aanvraag voor de diplomawaardering van mijn Zuid-Afrikaanse universiteitsdiploma. Ik heb het diploma twee weken geleden opgestuurd per post.

— Ah, meneer Heiman. Wat goed dat u belt. Ik heb uw aanvraag ontvangen, maar er is een **probleempje**. U heeft namelijk het origineel in het Engels opgestuurd, maar zonder **beëdigde vertaling**. Daarom kunnen we de waardering niet uitvoeren en ik had geen contactgegevens van u om u **daarover** te **informeren**.

122

— **Oh jee**, maar de vertaling zat er toch bij? — zei ik, **in de war**.

— Ja, maar die was **uitgevoerd** door een **beëdigde vertaler** in Zuid-Afrika en niet door een Nederlandse beëdigde vertaler. Daarom is deze hier niet **geldig**. — zei mevrouw Verbaars.

— Oh, dat was me niet duidelijk. Ik had de informatie op de website toch goed gelezen. Wat is dan de volgende stap? Ik heb de diplomawaardering namelijk echt zo snel mogelijk nodig om op **banen** te kunnen solliciteren, — zei ik bezorgd.

— Dat begrijp ik goed, meneer. Als u mij een adres geeft, dan zal ik uw diploma **terugsturen**, zodat u deze kunt **doorsturen** naar een beëdigde vertaler. U laat het vertalen en kunt het dan weer opnieuw naar ons **sturen**, — zei mevrouw Verbaars.

— Wauw, dat klinkt allemaal erg **omslachtig**, — zei ik, verontrust. — Hoe lang zal het proces dan in totaal **duren**?

— Dat **hangt af** van de vertaler, maar minstens vier weken, denk ik, — zei mevrouw Verbaars. — O, en als we het niet voor eind juli binnenkrijgen, dan heeft u **pech**, want we **sluiten** van 1 tot en met 20 augustus voor de zomervakantie.

Ik was zo **verbijsterd** dat ik niets zei.

— Meneer Heiman, bent u daar nog? Het spijt me, maar over 2 minuten begint mijn lunchpauze. Kunt u mij nu uw adres geven? Anders moet u maandag weer **terugbellen**, want op vrijdagmiddag neemt mijn afdeling geen telefoontjes meer aan.

Ik gaf mijn adres en **bedankte** mevrouw Verbaars. Het was tenslotte niet haar schuld dat dit proces zo'n bureaucratisch **doolhof** was. Toen bedacht ik me dat ik nog steeds het referentienummer niet had gevraagd, maar ik had geen energie meer over om het kantoor die middag opnieuw terug te bellen. De Zuid-Afrikaanse bureaucratie met zijn **eindeloze** rijen **is verre van** ideaal, maar daar werden in ieder geval **makkelijker uitzonderingen** gemaakt.

Mijn conclusie: geen enkele plek is perfect en deze situatie was **frustrerend**, maar door de Nederlandse weilanden, kaas en **rust** wordt dit snel **goedgemaakt**.

Binnenkort meer **belevenissen** van deze **bliksemsnel inburgerende** Nederlander. Tot snel, **trouwe** lezers,

Boris

Samenvatting van het verhaal

We lezen een verhaaltje op het blog van Boris, een jongeman wiens ouders Nederlands zijn, maar hij is in Zuid-Afrika opgegroeid en recentelijk geïmmigreerd naar Nederland. Hij deelt zijn ervaring over het proces om zijn Zuid-Afrikaanse universiteitsdiploma te laten erkennen in Nederland. Hij moet daarvoor bellen naar de instantie verantwoordelijk voor dit proces. Tijdens dat telefoongesprek komt hij erachter dat de Nederlandse bureaucratie soms een doolhof is.

Summary of the story

We read a story on a blog run by Boris, a young man born to Dutch parents. He grew up in South Africa, but has recently immigrated to the Netherlands. He shares his experience about the process of having his South African university degree recognized in the Netherlands. In order to do so, he has to call the office responsible for this process and during this phone call he realizes that Dutch bureaucracy can sometimes be like a maze.

Vocabulary

- **opgegroeid:** grown up
- **vloeiend:** fluent
- **sta ik versteld:** leaves me baffled (phrasal verb)
- **geleerd:** learned
- **directheid:** directness
- **verschil:** difference
- **proberen:** try
- **zodanig:** in such a way
- **regelen:** arrange
- **papierwerk:** paperwork
- **persoonlijk:** in person
- **juiste:** correct
- **rij:** line
- **voor elkaar krijgen:** get done (phrasal verb)
- **universiteitsdiploma:** university diploma
- **overheid:** government
- **Informatiecentrum:** Information Center
- **Diplomawaardering:** Credential Evaluation
- **telefoongesprek:** telephone call
- **referentienummer:** reference number
- **aanvraag:** application
- **toets:** press
- **zoniet:** if not
- **lijnen:** telephone lines
- **medewerkers:** co-workers
- **bezet:** busy
- **geduld:** patience
- **wachten:** wait
- **nam op:** picked up (phrasal verb)
- **van dienst zijn:** be of service (phrasal verb)
- **opgestuurd:** sent by post
- **teruggehoord:** heard back
- **zorgwekkend:** worrying
- **doorverbinden:** put through
- **afdeling:** department
- **probleempje:** little problem
- **beëdigde:** certified
- **vertaling:** translation
- **daarover:** about that
- **informeren:** inform
- **Oh jee:** Oh my
- **in de war:** confused
- **uitgevoerd:** carried out
- **vertaler:** translator
- **geldig:** valid
- **banen:** jobs
- **terugsturen:** send back

126

- **doorsturen:** send on
- **sturen:** send
- **omslachtig:** long-winded
- **duren:** last
- **hangt af:** depends
- **pech:** bad luck
- **sluiten:** close
- **verbijsterd:** astonished
- **terugbellen:** call back
- **bedankte:** thanked
- **doolhof:** maze
- **eindeloze:** endless
- **is verre van:** far from
- **makkelijker:** more easily
- **uitzonderingen:** exceptions
- **frustrerend:** frustrating
- **rust:** tranquility
- **goedgemaakt:** made up
- **belevenissen:** adventures
- **bliksemsnel:** as fast as lighting
- **inburgerende:** naturalizing
- **trouwe:** loyal

Questions about the story

1. Hoe goed spreekt Boris Nederlands?

a) Hij spreekt geen woord Nederlands

b) Hij kan een beetje Nederlands

c) Zijn Nederlandse niveau is ongeveer B1

d) Hij spreekt vloeiend Nederlands

2. Waarom moest Boris al meteen tien minuten wachten toen hij het Informatiecentrum Diplomawaardering belde?

a) Omdat de medewerkers nog aan het lunchen waren

b) Omdat hij het referentienummer vergeten was

c) Omdat de lijnen van alle medewerkers bezet waren

d) Omdat het maandagochtend was en er daarom heel veel mensen belden

3. Waarom heeft Boris geen referentienummer?

a) Omdat de vertaling niet door een beëdigde vertaler uit Nederland was gedaan

b) Omdat de vertaling van slechte kwaliteit was

c) Omdat ze geen contactgegevens van hem hadden

d) Omdat ze zijn aanvraag niet hadden ontvangen

4. Hoe veel langer gaat het proces nu waarschijnlijk duren?

a) Dat konden ze niet zeggen

b) Minstens twee weken

c) Minstens vier weken, maar waarschijnlijk langer

d) Minstens vier maanden

5. **Wat voor invloed heeft deze situatie uiteindelijk op Boris' mening over Nederland?**

   a) Hij vond het eigenlijk wel grappig
   b) Het werd goedgemaakt door dingen zoals de Nederlandse weilanden, kaas, en rust
   c) Het maakte geen enkel verschil voor zijn mening over Nederland
   d) Hij was diep teleurgesteld over het feit dat Nederlanders nooit uitzonderingen konden maken

Answers

1) D
2) C
3) C
4) C
5) B

Chapter 14

EEN REBELSE PEUTER TEMMEN

Esmee was een meisje van zeventien dat al een paar jaar een **bijbaantje** had als **oppas**. Ze woonde in een buurt waar heel veel families met kleine kinderen woonden, dus er was nooit **gebrek** aan werk.

Op een dag kreeg ze een Whatsapp-berichtje van een vrouw die haar nummer had gekregen van een vriendin. Ze wilde graag weten of Esmee die **aanstaande vrijdag** kon komen **oppassen** op haar zoontje van drie: Basje. Esmee antwoordde dat ze kon en ze **keek ernaar uit**.

Ondanks haar **uitgebreide ervaring** was Esmee toch wel een beetje zenuwachtig om voor de eerste keer op te passen bij een nieuwe familie. Maar ze zei tegen zichzelf dat het allemaal prima zou gaan. Ze belde aan en toen de moeder open deed zei ze: — Goedenavond, mevrouw de Leeuw!

— Hoi Esmee! Zeg maar Frauke hoor. Kom binnen, — zei de moeder.

Eenmaal binnen begon de moeder de instructies uit te leggen.

— Oké, Esmee. We hebben best een **nauwgezette** routine met Basje voor als hij **wakker wordt** en die werkt altijd **voortreffelijk**. Meestal wordt hij rond tien uur 's avonds wakker en wij komen om half twaalf terug. Kijk, het bestaat uit de volgende drie stappen:

Stap 1: Je zingt het volgende **liedje** "Basje Basje Basje, tijd voor je plasje!" en dan neem je hem mee naar het **potje** zodat hij daar **plast**.

Stap 2: Dan neem je hem terug mee naar zijn bed en lees je zijn **lievelingsboekje** over de **dappere leeuw** voor.

Stap 3: Na het boekje lezen is hij toch al best moe, dan zing je één keer "Slaap kindje slaap" en dan slaapt hij binnen één minuutje.

— Oh, en nog één heel belangrijk punt, — ging de moeder verder, — tegen Basje spreken we nooit met **bevelen**, zoals: "Ga zitten". Je moet het altijd in de vorm van een vraag zeggen, bijvoorbeeld: "Kan je gaan zitten, lieve Basje?" Dat is onze strategie van **respectvol opvoeden**.

Zulke **gedetailleerde** instructies had Esmee nog nooit gekregen, maar ze **nam aan** dat ze zouden werken. De vader en moeder vertrokken en Esmee ging met een **kommetje pinda's** voor de televisie zitten.

Precies om 10 uur hoorde ze Basje door de babyfoon en ze ging naar zijn kamer. Ze had de stappen goed onthouden en zong meteen:

— "Basje Basje Basje, tijd voor je plasje!" — en haalde hem uit zijn bedje naar het potje.

Maar zodra hij bij het potje stond en begon te **plassen**, draaide hij om en viel het allemaal op de grond naast het potje. Esmee riep uit: — Oh nee, Basje!

Hier, wacht, wil je vast je boekje over de leeuw gaan bekijken? — vroeg ze en ze zette Basje in een hoek op de grond, terwijl ze **snel** het **ongelukje schoonmaakte**. Toen ze daarmee klaar was, ging ze naast Basje zitten om het boekje voor te lezen, maar hij sprong op een brulde:

— Ik haat dit boekje! — en begon daarna **als een dolle** door zijn kamertje te rennen.

— Basje, kan je even gaan zitten, alsjeblieft? Wil je een ander boekje lezen dan? Zullen we even met de vrachtwagens spelen? — vroeg Esmee geduldig, maar niets werkte. Uiteindelijk werd Basje moe van het rennen en kreeg een beter idee. Hij begon al zijn speelgoed uit de **laden** van zijn kast te trekken.

— Basje, kan je daar even mee **ophouden**? Zullen we dat nu **terugleggen**? Zal ik nu vast "Slaap kindje slaap" zingen? — vroeg ze, al wat minder geduldig. Ze zag dat het al bijna elf uur was en werd wanhopig.

Als zijn ouders vroeger **thuiskomen, ben ik de pineut**, dacht ze bij zichzelf en ze besloot het respectvol opvoeden even te vergeten en zei streng:

— Bas, stop ONMIDDELLIJK en kom hier zitten!

Basje keek verbaasd op, **stopte** meteen en kwam naast Esmee zitten. Ze zei: — Lieve Bas, luister goed naar mij. Er is nu geen tijd om je te vragen of je het wil. Ik ga nu zeggen wat we gaan doen. We gaan nu het speelgoed opruimen en daarna ga je terug naar bed, **begrepen**?

Basje knikte tam en binnen vijf minuten zat al het speelgoed weer in de laden en was Esmee "Slaap kindje slaap" aan het zingen voor Basje die in bed lag. Toen hij in slaap was gevallen was het twintig over elf en **vloog** Esmee naar beneden.

Basjes ouders kwamen precies om half twaalf thuis en de moeder vroeg meteen aan Esmee hoe het was gegaan, terwijl de vader naar boven ging. Esmee **durfde** niet de waarheid te vertellen en zei dat de instructies perfect hadden gewerkt. De moeder bedankte haar **hartelijk**, betaalde haar en vroeg: — Kom je volgende week weer dan, Esmee?

Esmee kon geen nee zeggen en bedankte de moeder. De vader kwam naar beneden en deed de deur open voor Esmee. Zonder dat zijn vrouw het hoorde, **fluisterde** hij in haar oor: — De knuffels **bewaren** we in de **tweede la** en de blokken in de **onderste**. Maar ik zal niks zeggen hoor, die instructies werken voor mij ook niet.

Esmee fluisterde "bedankt" en ging een stuk **opgeluchter** naar huis die avond.

Samenvatting van het verhaal

Esmee is een ervaren oppas die voor het eerst bij een nieuwe familie gaat oppassen en is daarom een beetje nerveus. De moeder heeft een hele specifieke lijst met instructies om toe te passen als de peuter, Basje, wakker wordt. Wanneer Basje wakker wordt en Esmee het plan probeert uit te voeren, werkt het helemaal niet en wordt alles een chaos. Uiteindelijk lost ze het net op tijd op en krijgt ze de peuter weer in slaap, maar ze durft niet tegen de moeder te zeggen wat er allemaal is gebeurd. De vader heeft wel door dat het niet perfect is gegaan, maar zal het geheim bewaren.

Summary of the story

Esmee is an experienced babysitter who is going to babysit for a new family for the first time and is a little nervous because of it. The mother has a very specific list of instructions to apply when the toddler, Basje, wakes up. When Basje does wake up and Esmee tries to carry out the plan, it doesn't work at all and everything descends into chaos. In the end, she solves it just in time and gets the toddler back to sleep, but she doesn't dare to tell the mother everything that has happened. The father realizes it didn't go perfectly, but decides to keep the secret.

Vocabulary

- **bijbaantje:** part-time job
- **oppas:** babysitter
- **gebrek:** lack
- **oppassen:** babysit
- **aanstaande vrijdag:** upcoming Friday
- **keek ernaar uit:** looked forward to it (phrasal verb)
- **uitgebreide:** broad
- **ervaring:** experience
- **nauwgezette:** precise
- **wakker wordt:** wakes up
- **voortreffelijk:** excellent
- **stap:** step
- **liedje:** little song
- **potje:** potty
- **plast:** pees
- **lievelingsboekje:** favorite storybook
- **dappere:** brave
- **leeuw:** lion
- **bevelen:** orders
- **respectvol:** respectful
- **opvoeden:** raising (of a child)
- **gedetailleerde:** detailed
- **nam aan:** assumed (phrasal verb)
- **kommetje:** little bowl
- **pinda's:** peanuts
- **plassen:** peeing
- **snel:** quickly
- **ongelukje:** little accident
- **schoonmaakte:** cleaned up
- **als een dolle:** like crazy
- **laden:** drawers
- **ophouden:** stop it
- **terugleggen:** put back
- **thuiskomen:** come home
- **ben ik de pineut:** I'll be doomed
- **stopte:** stopped
- **begrepen:** understood
- **vloog:** flew
- **durfde:** dared
- **hartelijk:** cordially
- **fluisterde:** whispered
- **bewaren:** keep
- **tweede:** second
- **la:** drawer
- **onderste:** lowest
- **opgeluchter:** more relieved

Questions about the story

1. **Hoe lang werkt Esmee al als oppas?**

   a) Ze is pas net begonnen

   b) Vanaf vorig jaar

   c) Een paar jaar

   d) Sinds ze dertien is

2. **Wat waren de stappen die Esmee moest volgen?**

   a) Basje vragen of hij wilde plassen, een boekje voorlezen, eventueel speelgoed opruimen en een slaapliedje zingen

   b) Een boekje voorlezen, het speelgoed opruimen, en een slaapliedje zingen

   c) Basje laten plassen, een boekje voorlezen, en een slaapliedje zingen

   d) Basje laten plassen, met speelgoed spelen, en een slaapliedje zingen

3. **Waarom besloot Esmee toch een bevel te geven in plaats van de dingen lief aan Basje te vragen?**

   a) Omdat hij speelgoed naar haar hoofd gooide en ze haar geduld verloor

   b) Omdat het lief vragen niet werkte

   c) Omdat ze Basjes ouders al beneden hoorde

   d) Omdat ze het lief vragen overdreven vond

4. **Hoe kreeg Esmee Basje uiteindelijk in slaap?**

   a) Door "slaap kindje slaap" te zingen

   b) Door hem te laten plassen

   c) Door hem door de kamer te laten rennen

   d) Door een liedje over vrachtwagens te zingen

5. Hoe wist de vader dat het 3-stappen plan niet gewerkt had?

a) Omdat het voor hem ook nooit werkte

b) Omdat Basje dat hem had verteld

c) Omdat hij het speelgoed op de grond had gevonden

d) Omdat hij het speelgoed in de verkeerde laden had gevonden

Answers

1) C
2) C
3) B
4) A
5) D

Chapter 15

EEN GLADDE STREEK
MET EEN HARDE AFLOOP

Tim, Joep en Ravi waren drie beste vrienden in het laatste jaar van de middelbare school. Het was al april en hun **eindexamens kwamen eraan** in mei, dus ze waren volop aan het studeren. Ze waren best gestrest en het leek wel alsof sommige leraren hun **vakken** extra moeilijk probeerden te maken. Vooral Mevrouw Schouten van economie.

Ze besloot drie weken voor het eindexamen ook nog een **groepspresentatie** in te plannen die zelfs 15% van het **eindcijfer waard** zou **zijn**. Toen ze dit **aankondigde** aan de leerlingen ging er een **golf** van protest door het **leslokaal**.

— Mevrouw Schouten, maar is het niet belangrijker dat we voor het eindexamen gaan oefenen? — vroeg Ravi.

— Het spijt me, deze presentatie is deel van het nationale **reglement**, dus daar kan ik niets aan veranderen. Bovendien **lopen we achter**, omdat jullie meer tijd wilden voor het tweede **tentamen**, — antwoordde de lerares resoluut. — Nu, tijd is geld, dus we gaan direct de onderwerpen **verdelen**. Jullie hebben vijf minuten om groepen van drie of vier te vormen.

Mevrouw Schouten **projecteerde** een lijst met mogelijke onderwerpen op het bord.

a) De invloed van **inflatie** op **sparen** en **lenen**

b) Het verschil tussen **staatsschuld** en private schuld
c) Het **onderscheid** tussen **beleggingen** met een hoog en beleggingen met een **laag risico**
d) De invloed van de **olieprijs** op de **wereldeconomie**
e) Het **loonniveau**, de **arbeidsproductiviteit** en de inflatie als **factoren** die **invloed hebben** op de internationale **concurrentiepositie**

Natuurlijk besloten de drie vrienden een groep te vormen voor de presentatie. Joep **nam de leiding** en gaf aan dat ze het beste onderwerp D konden kiezen over de invloed van de olieprijs. De lerares **noteerde** de **verdeling** van de groepen en onderwerpen en gaf als laatste instructie: — Jonge mensen, jullie zijn inmiddels al een tweede generatie millennials, dus maak die presentatie alsjeblieft **interactief** en **innovatief**. Daarmee bedoel ik niet dat jullie simpelweg een videootje van YouTube laten zien!

Die middag spraken ze af om te beginnen met **voorbereiden**. Tim zei **geheimzinnig**: — **Kerels**, ik heb het perfecte idee om onze presentatie **onvergetelijk** te maken, maar het is wel een beetje **riskant**. Het gaat over olie, toch? Nu heb ik een online een videootje gezien waar ze **voor de grap flessen** olie **leeggoten** over de vloer, waardoor iedereen uitgleed. Ik **stel voor** dat we het net buiten het leslokaal doen om onze presentatie **af te sluiten** ter illustratie van de relatie tussen de economie en olie.

Joep en Ravi vonden het een geweldig idee en **geloofden**, net als Tim, dat het geen serieuze gevolgen voor hen zou hebben. Ze gingen verder met het onderzoek voor de presentatie en besloten dat Joep de 10 flessen bakolie zou kopen die ze nodig hadden voor hun **streek**.

Drie weken later brak de dag aan van hun presentatie. Ze waren toevallig als laatste aan de beurt, wat hen **goed uitkwam**. Tim was een paar minuten voor het eind van de presentatie al naar buiten gegaan, terwijl Joep de conclusie van de presentatie uitlegde:

— Hiermee hopen we dat het duidelijk is geworden hoe snel de olieprijs de wereldeconomie kan laten **wankelen**. Maar om dit nog beter te illustreren, willen we jullie vragen allemaal op te staan en bij de deur van het leslokaal te gaan staan.

De leerlingen waren blij dat ze op mochten staan en **drongen samen** met een nieuwsgierige mevrouw Schouten rond de deur. Joep deed de deur open en liet de gang zien waarvan de grond met liters en liters bakolie bedekt lag. De leerlingen wreven in hun ogen omdat ze niet konden geloven wat ze zagen. Joep stapte stoer midden in de plas olie en zei: — Hier is te veel olie, toch? Stel je voor: ik ben de wereldeconomie en ik probeer met deze overvloed aan olie langzaam te gaan lopen. Dat gaat niet. Maar als iemand me nou even duwt, — en hij trok zijn **klasgenote** Pauline die dichtbij stond de **plas** olie in, — dan gebeurt er het volgende ... oh nee, help!

En daarmee **gleden** Joep en Pauline allebei heel hard uit in de olie. Pauline **jammerde** van de pijn en ondanks het **gevaar** stapten er meteen nog drie van hun klasgenoten in de olie om proberen te helpen. Ook zij gleden uit. Mevrouw Schouten **schreeuwde**: — Voorzichtig! Klas 5B, meteen allemaal terugkeren naar het leslokaal, zodat er verder niemand uitglijdt! Dit is heel gevaarlijk. Ik bel nu een ambulance!

Binnen enkele minuten kwamen er twee ambulances die de vijf leerlingen meenamen naar het ziekenhuis. Het gevolg van de **mislukte** oliegrap? Twee leerlingen met een gebroken been, heel veel **kneuzingen** en een ernstige **hersenschudding.** Joep had nog het meeste geluk gehad: hij had enkel wat lichte kneuzingen.

De drie jongens voelden zich natuurlijk ontzettend schuldig en namen alle **verantwoordelijkheid** op zich. De ouders van de drie jongens en de schooldirectie namen het voorval heel serieus, maar vonden het ook niet nodig om hen helemaal te **schorsen**. Ze stelden voor dat de drie in de zomer, zodra ze klaar waren met school, **vrijwilligerswerk** zouden doen. De jongens, die zich echt diep schaamden, waren het daar helemaal mee eens. Bovendien beloofden ze nooit meer de **lolbroek uit te hangen**.

Samenvatting van het verhaal

Tim, Joep en Ravi zijn drie beste vrienden die samen in het laatste jaar van de middelbare school zitten. Ze studeren hard voor hun eindexamens en moeten ook nog een presentatie voor economie voorbereiden. Aangezien ze daar niet blij mee zijn, besluiten ze een grap uit te halen, maar die gaat ontzettend fout en meerdere leerlingen moeten daardoor naar het ziekenhuis. Ze mogen gelukkig nog wel eindexamen doen, maar moeten ook vrijwilligerswerk doen als straf voor hun mislukte grap.

Summary of the story

Tim, Joep and Ravi are three best friends in their last year of high school. They're studying hard for their final exams and also have to prepare a presentation for their Economics class. As they're not happy about it, they decide to play a prank, but this goes horribly wrong and several students end up in hospital. Fortunately they are allowed to sit their final exams, but they also have to do voluntary work as a punishment for their failed prank.

Vocabulary

- **eindexamens:** final exams
- **kwamen eraan:** coming up
- **vakken:** subjects (at school)
- **groepspresentatie:** group presentation
- **eindcijfer:** final grade
- **waard zijn:** be worth (phrasal verb)
- **aankondigde:** announced
- **golf:** wave
- **leslokaal:** classroom
- **reglement:** regulations
- **lopen we achter:** we're behind (phrasal verb)
- **tentamen:** mid-term exam
- **verdelen:** distribute
- **projecteerde:** projected
- **inflatie:** inflation
- **sparen:** saving
- **lenen:** lending
- **staatsschuld:** national debt
- **onderscheid:** difference
- **beleggingen:** investments
- **laag:** low
- **risico:** risk
- **olieprijs:** oil price
- **wereldeconomie:** world economy
- **loonniveau:** wage level
- **arbeidsproductiviteit:** labor productivity
- **factoren:** factors
- **invloed hebben:** influence
- **concurrentiepositie:** competitive position
- **nam de leiding:** took the lead (phrasal verb)
- **noteerde:** wrote down
- **verdeling:** distribution
- **interactief:** interactive
- **innovatief:** innovative
- **voorbereiden:** preparing
- **geheimzinnig:** mysteriously
- **kerels:** guys
- **onvergetelijk:** unforgettable
- **riskant:** risky
- **voor de grap:** as a joke
- **leeggoten:** poured out
- **stel voor:** propose
- **af te sluiten:** to close
- **geloofden:** believed
- **streek:** prank
- **goed uitkwam:** was a lucky strike
- **wankelen:** wobble

- **drongen samen:** crowded together
- **klasgenote:** classmate
- **plas:** puddle
- **gleden uit:** slipped (phrasal verb)
- **jammerde:** cried
- **gevaar:** danger
- **schreeuwde:** shouted
- **mislukte:** failed
- **oliegrap:** oil prank

- **kneuzingen:** bruises
- **hersenschudding:** concussion
- **verantwoordelijkheid:** responsibility
- **schorsen:** suspend
- **vrijwilligerswerk:** voluntary work
- **lolbroek uit te hangen:** to try to be a clown

Questions about the story

1. **Waarom moeten de leerlingen van mevrouw Schouten vlak voor het eindexamen nog een presentatie voorbereiden?**

   a) Omdat het goede oefening is voor het eindexamen
   b) Omdat ze achterlopen
   c) Omdat het in het nationale reglement staat en het 15% van het eindcijfer waard is
   d) Omdat ze een gemene lerares is

2. **Welk onderwerp kiezen de drie vrienden?**

   a) De invloed van de olieprijs op de wereldeconomie
   b) Het onderscheid tussen beleggingen met een hoog en beleggingen met een laag risico
   c) De invloed van inflatie op sparen en lenen
   d) Het loonniveau, arbeidsproductiviteit en inflatie

3. **Wilden alle drie de vrienden de grap uithalen?**

   a) Nee, alleen Tim
   b) Nee, alleen Tim en Ravi
   c) Nee, Alleen Tim en Joep
   d) Ja, ze waren het allemaal eens

4. **Wat wilden ze zogenaamd laten zien met de oliegrap?**

   a) Hoe snel de olieprijs de wereldeconomie kon laten wankelen
   b) Hoe onveilig de olieindustrie was
   c) Hoe oneerlijk het was dat ze die presentatie moesten doen
   d) Dat ze gladde jongens waren

5. Wat voelden de jongens nadat de streek helemaal fout was gegaan?

a) Ze vonden de reacties van de ouders en de school overdreven

b) Ze voelden zich schuldig en namen alle verantwoordelijkheid op zich

c) Ze voelden zich ontzettend schuldig en vonden dat de school hen moest schorsen

d) Ze gaven zelf het idee om vrijwilligerswerk te doen in plaats van hun excuses aan te bieden

Answers

1) C
2) A
3) D
4) A
5) B

Chapter 16

LIEFDE KENT GEEN LEEFTIJD

Op een vrijdagavond ging Tineke vanuit Nijmegen, waar ze **Verpleegkunde** studeerde, terug naar haar ouderlijk huis in het kleine stadje Groesbeek. Daar vroeg haar moeder eerst naar haar studie en haar bijbaantje en vertelde toen dat ze slecht nieuws had: haar moeder, Tinekes oma, moest naar een **verzorgingstehuis** verhuizen. Tinekes opa was tien jaar daarvoor gestorven en haar oma begon zich nu echt **eenzaam** te voelen.

Dat vond Tineke heel **begrijpelijk** en ze had ook al **opgemerkt** dat haar oma meer sociale contacten en activiteiten nodig had, dus het was **in principe** iets **positiefs**. Maar wat haar moeder toen met tranen in haar ogen vertelde, daar werd Tineke wel verdrietig van: het bleek dat haar oma de eerste **verschijnselen** van **dementie** had. Door haar studie wist ze daar alles vanaf. Dementie was **zowat** het begin van het einde.

Ze nam haar moeders handen in haar handen en zei: — Mama, ik **beloof** je dat ik vanaf dit moment oma en jou zoveel mogelijk zal **steunen**.

— Bedankt, Tineke. Wat lief van je, — stamelde haar moeder. — Volgende week is de **verhuizing**, misschien kan je dan ook wel mee?

Tineke **verzekerde** haar moeder dat ze mee zou gaan. De week **daarop** gingen ze met een kleine **verhuiswagen** van oma's huis naar verzorgingstehuis "Onder de **Eiken**". Tinekes oma keek zwijgzaam om zich heen, terwijl haar moeder rustig uitlegde dat ze hier dus **voorlopig** ging wonen.

Toen vroeg oma: — Wonen jullie hier ook? Dit is wel een enorm **paleis** voor **ons drieën** toch?

— Nee oma, — zei Tineke, — wij wonen hier niet. Maar hier wonen wel veel andere oudere mensen, dus dan wordt het veel **gezelliger** voor u dan wanneer u alleen thuis zit.

Oma **knikte**, maar zei verder niets. Een hele **vriendelijke medewerkster** van het verzorgingstehuis nam hen mee op een **rondleiding** door het tehuis.

— Uw kamer is op deze **gang**. Dit is de eetzaal en daarnaast hebben we de **spelletjeszaal**. Daar komen onze **inwoners** de hele dag samen om bijvoorbeeld te **kaarten**, of te **schaken**, of gewoon koffie te drinken en te **kletsen**, — vertelde de medewerkster geduldig. — En hier hebben we een kleine **gymzaal** waar iedere dag verschillende soorten activiteiten zijn, zoals **danslessen**, yoga, **zanglessen**, **leesclubs** en soms zelfs **concerten**.

Tinekes oma luisterde geduldig, maar stelde geen vragen. Ze hielpen haar spullen installeren op haar nieuwe kamer en bleven tot de avond bij haar. **Afscheid nemen** was voor iedereen moeilijk. Tineke beloofde dat ze zo snel mogelijk weer zou komen.

Een week later ging Tineke opnieuw naar het verzorgingstehuis om haar oma te bezoeken. Ze vond haar oma in de **spelletjeszaal** waar ze met een **sympathiek uitziende** oudere man een **bordspel** aan het spelen was. Het leek **dolle pret** tussen die twee.

— Hoi oma! Goedemiddag meneer, — zei Tineke opgewekt.

— Hallo, lieve Tineke! — zei haar oma **stralend**. — Dit is Gert, de enige hier die van dezelfde **saaie** bordspellen houdt als ik.

— Aangenaam, meneer. Wat fijn om te zien dat mijn oma al zo snel **gezelschap** heeft **gevonden** hier, — zei Tineke **glimlachend**.

Toen ging Tineke even met haar oma buiten in de tuin wandelen. Natuurlijk wilde ze iets meer over Gert vragen, dus ze zei met een knipoog: — Dat zag er wel heel **gezellig** uit met die meneer, oma.

— Ja, Gert is heel aardig, maar ik weet al wat je denkt. Ik ben te oud om dat tegen hem te zeggen. Bij onze generatie werkt het niet zoals bij jullie **jongelui**, — antwoordde haar oma.

Tineke giechelde en ze liepen verder. Toen ze in de trein terug naar huis zat, kreeg ze opeens een geweldig idee: misschien kon ze wel een activiteit in het verzorgingstehuis organiseren voor **Valentijnsdag**! Dan kon haar oma van de gelegenheid **gebruikmaken** om iets speciaals tegen Gert te zeggen. De volgende dag belde ze het verzorgingstehuis om het idee **voor te leggen** om samen met een paar studenten van haar studie een karaokeavondje te organiseren voor Valentijnsdag. Dat vond het bestuur van het verzorgingstehuis een **uitstekend** plan en Tineke begon met de organisatie.

Behalve karaoke, zouden er de dag ervoor ook al **rozen** te koop zijn. Men kon daar een **kaartje** aan hangen met een boodschap. Ze vertelde via de telefoon het plan aan haar oma en wilde haar natuurlijk **aansporen** om een roos naar Gert te sturen met een boodschapje.

Maar haar oma zei: — Oh Tineke, ik zal het **overwegen**, maar ik weet het nog niet zeker, hoor.

Valentijnsdag brak aan en Tineke had de gymzaal met twee **studiegenoten** voor het Valentijnsfeest prachtig **versierd**. De ouderen kwamen binnen en Tineke **kondigde aan** dat ze eerst de rozen zouden **uitdelen** en daarna met het karaoke zouden beginnen. Toen alle rozen uitgedeeld waren, zag Tineke dat haar oma wel tien rozen had gekregen. Ze merkte dat Gert opstond, naar haar oma toeliep en haar hand vastpakte. Ze hield zich niet in en liep naar de twee toe.

— Zo, zo oma. U heeft hier wel veel **bewonderaars** gekregen in zo'n korte tijd! — zei Tineke.

Voordat haar oma kon antwoorden, zei Gert: — O, nee hoor, al die rozen komen van mij. Ik **wist** al dat jouw oma mij er geen zou durven sturen, dus heb ik **voor de zekerheid** wat extra rozen voor haar gekocht, zodat er geen **twijfel** meer mogelijk is — en toen gaf hij Tinekes oma zelfs een **kus**.

Tineke **smolt** van binnen en moest wat tranen van geluk **wegpinken**. Het is nooit te laat voor een nieuwe liefde!

Samenvatting van het verhaal

Tineke is een studente Verpleegkunde wiens oma het verzorgingstehuis in moet. Ze helpt mee met de verhuizing en wil haar oma ook zoveel mogelijk ondersteunen bij de verandering. Daarom gaat ze kort na de verhuizing weer op bezoek bij haar oma. Ze ziet dan dat haar oma heel gezellig bordspellen aan het spelen is met een andere inwoner, Gert. Hierdoor krijgt ze het idee om een karaokefeestje te organiseren met rozen, zodat haar oma tegen Gert kan zeggen wat ze voor hem voelt. Uiteindelijk stuurt haar oma Gert geen enkele roos, maar krijgt haar oma zelf wel veel rozen van een bepaalde bewonderaar.

Summary of the story

Tineke is a Nursing student whose grandma has to move into a nursing home. She helps her with the move and also wants to support her grandma as much as possible with this change. So, she goes to visit her shortly after the move. She then sees that her grandma is very cozily playing board games with another resident, Gert. This gives her the idea to organize a karaoke party with roses, so her grandma can tell Gert how she feels about him. In the end, her grandma doesn't send Gert any roses, but her grandma does receive lots of roses from a certain admirer.

Vocabulary

- **Verpleegkunde:** Nursing
- **verzorgingstehuis:** nursing home
- **eenzaam:** lonely
- **begrijpelijk:** understandable
- **opgemerkt:** noticed
- **in principe:** essentially
- **positiefs:** positive
- **verschijnselen:** symptoms
- **zowat:** practically
- **beloof:** promise
- **steunen:** support
- **verhuizing:** move
- **verzekerde:** ensured
- **daarop:** that followed
- **verhuiswagen:** moving truck
- **eiken:** oak tree
- **voorlopig:** for now
- **paleis:** palace
- **ons drieën:** the three of us
- **gezelliger:** cozier
- **knikte:** nodded
- **medewerkster:** employee (female)
- **rondleiding:** guided tour
- **gang:** hallway
- **spelletjeszaal:** games room
- **inwoners:** residents
- **kaarten:** play cards
- **schaken:** play chess
- **kletsen:** chat
- **gymzaal:** exercise room
- **danslessen:** dance classes
- **zanglessen:** singing classes
- **leesclubs:** reading clubs
- **concerten:** concerts
- **afscheid nemen:** say goodbye
- **sympathiek:** likable
- **uitziende:** looking
- **bordspel:** board game
- **dolle pret:** lots of fun
- **stralend:** beaming
- **gezelschap:** company
- **gevonden:** found
- **glimlachend:** smiling
- **gezellig:** cozy
- **jongelui:** youngster
- **Valentijnsdag:** Valentine's Day
- **gebruikmaken:** use
- **voor te leggen:** to propose (phrasal verb)
- **uitstekend:** outstanding
- **rozen:** roses
- **kaartje:** card

- **aansporen:** encourage
- **studiegenoten:** fellow students
- **versierd:** decorated
- **kondigde aan:** announced
- **uitdelen:** hand out
- **bewonderaars:** admirers
- **wist:** knew
- **voor de zekerheid:** just in case
- **kus:** kiss
- **smolt:** melted
- **wegpinken:** brush away

Questions about the story

1. **Waarom moest Tinekes oma naar het verzorgingstehuis verhuizen?**

   a) Omdat ze zich eenzaam voelde

   b) Omdat ze zich eenzaam voelde en de eerste verschijnselen van dementie had

   c) Omdat ze mensen niet meer herkende

   d) Omdat haar huis verkocht zou worden

2. **Welke delen van het verzorgingstehuis laat de medewerkster zien?**

   a) Het hele verzorgingstehuis

   b) De ingang en receptie

   c) De eetzaal, de spelletjeszaal en de gymzaal

   d) De ingang, oma's kamer, de eetzaal, de spelletjeszaal en de gymzaal

3. **Is Tinekes oma van plan om tegen Gert te zeggen hoe ze zich voelt?**

   a) Ja, want ze heeft geen tijd te verliezen

   b) Nee, want ze zegt dat dat in haar generatie anders gaat

   c) Ze besluit het op een kaartje met een roos te zeggen

   d) Dat wordt niet genoemd

4. **Wie organiseert het Valentijnsfeest?**

   a) Tineke en twee van haar studiegenoten

   b) Tineke en drie van haar studiegenoten

   c) Tineke en het bestuur van het verzorgingstehuis

   d) Tineke, al haar studiegenoten en Gert

5. **Wat kreeg Tinekes oma nog meer van Gert behalve de rozen?**

a) Een romantisch liedje
b) Een knuffelbeer
c) Een martini
d) Een kus

Answers

1) B
2) C
3) B
4) A
5) D

Chapter 17

NIEUWE KLEREN VOOR
DE PROGRAMMEUR

Niels werd wakker en **strekte** zijn arm uit om zijn telefoon te pakken. Half negen. Hij **werd** bijna altijd rond dezelfde tijd **wakker**, ondanks dat hij als freelancer nooit een **wekker** zette. Zzp'er was de officiële term in het Nederlands, **zelfstandige zonder personeel**, maar hij vond het Engelse woord freelancer veel cooler klinken.

Een **vluchtige** douche, **pittige** kop koffie en twee croissants later zat hij al achter zijn laptop zijn e-mail te checken. Tussen de e-mails over zijn **programmeeropdrachten** zat een e-mail van zijn middelbare school met een uitnodiging voor de schoolreünie. Het was alweer 10 jaar geleden dat hij was afgestudeerd en hij was er wel in **geïnteresseerd** om zijn oude klasgenoten weer te ontmoeten.

Toen kwam er een berichtje binnen van Bram, één van zijn beste vrienden die in dezelfde klas had gezeten.

— Ik **neem aan** dat je ook naar de reünie gaat? Dan bied ik je meteen mijn **diensten** aan als **modeadviseur**, want ik laat je niet in jouw standaard **joggingbroek** gaan! — schreef Bram.

— Jouw **hulp weigeren** is geen optie, denk ik, — antwoordde Niels.

— **Dat klopt**! Ik zie je morgen om 4 uur bij de Oude Brasserie op de Coolsingel! — **beval** Bram.

De dag erop **trof** Bram Niels in zijn standaard **verkleurde** joggingbroek en **gerafelde** T-shirt.

— **Hier is werk aan de winkel**, — zei Bram, terwijl hij hem van **top tot teen bekeek**.

— Niet te veel **verwachten** hoor, — zei Niels. — Zo **stijlvol** als jij je kleedt, zal bij mij niet **lukken**.

Bram **loodste** hem een van zijn favoriete winkels **binnen**. **Mode** was zijn **terrein**, en hij begon **daadkrachtig**: — Oké, luister goed, Niels. We gaan natuurlijk niet in een **driedelig pak**. Het perfecte **overhemd**, misschien met een **stropdas**, en een casual **herenbroek**. Spijkerbroeken **verboden**. Welke **maat** shirt en broek heb je?

— Uhm, medium, denk ik? — zei Niels **onbenullig**.

— Oh, Niels. **Vergeet het maar**. Ik zal het zelf inschatten. Wacht hier bij de **kleedkamers**, — zei Bram en hij **beende weg**.

Tien minuten later kwam hij terug met een stapel kleren. Hij **verdeelde** de **kleding** in drie sets en zei: — Oké, dit zijn je opties: de eerste is in bruine **tinten**, allemaal van **linnen**. De tweede allemaal **blauwe** tinten, van **katoen** en wat **strakker**. En de derde in het klassiek zwart en grijs, waarbij de broek een **losser** model is zonder **broekzakken**. We zullen zien! — Hij gaf de **bundels** aan Niels.

Niels verdween met de kleding in de kleedkamer. Vijf minuten later kwam hij naar buiten met de eerste combinatie. Zijn **gezichtsuitdrukking** was niet erg **overtuigend** en hij zei meteen: — Ik voel me niet mezelf. Maar jij gaat vast zeggen dat het er goed uitziet, of niet?

Bram keek hem aan en **gebaarde** dat hij de tweede combinatie moest proberen. Niels deed de kleren aan, kwam de kleedkamer uit en zei: — De **broekspijpen** zijn veel te **strak** en die kleur …! Dit **gestreepte lichtblauwe** shirt: ik vind het **suf** staan. Sorry, Bram.

Bram ademde diep in om zijn geduld niet te **verliezen** en wachtte af terwijl Niels zich weer ging omkleden. Even later kwam Niels weer naar buiten en wachtte Brams **commentaar** af zonder iets te zeggen. Bram zei: — Dit is 'em! Dit **staat je perfect! Charmant**, modern, mooie **stof**. Vertel me alsjeblieft dat je je ook goed voelt.

— Sorry, ik voel me niet mezelf, Bram. Het is alsof ik jou wil **nabootsen**, — antwoordde Niels. — Sorry, maar ik ga deze kleren niet **aandoen**.

— Ach, je bent **onmogelijk**, Niels! Ik **geef** het **op**, — zei Bram en **stormde** de winkel **uit**.

Niels keek **beteuterd** en ging de kleedkamer weer in. Hij gaf alle kleding terug aan één van de verkopers, die vriendelijk zei: — Was het niet naar uw **wens**, meneer? Misschien vindt u iets tussen deze **artikelen** die **in de aanbieding** zijn?

Niels bekeek de kleding met **korting** en besloot toch maar wat te kopen in donkere kleuren, want hij wist wel dat hij niet in een joggingbroek naar de reünie kon. Hij **rekende af** en ging naar huis.

Een maand later was het tijd voor de reünie. Hij ging er samen met Bram heen, die hem natuurlijk al **vergeven** had en zijn **keuze** best goed vond.

— Niet slecht voor een **nieuweling**! — **feliciteerde** Bram hem.

Eenmaal in de zaal begonnen ze met hun oude klasgenoten **bij te praten** om de laatste nieuwtjes te weten te komen. De **meest voorkomende** vragen waren **vanzelfsprekend**: Waar woon je? Ben je getrouwd? Heb je kinderen? Wat heb je gestudeerd? Waar werk je nu? Bram en Niels bleven **voornamelijk** samen en **genoten** er veel van om hun jeugdvrienden weer te zien. Toen zag Bram

Pauline staan, het meisje waar hij ontzettend **verliefd** op was geweest in zijn laatste jaar, maar die nooit naar hem had **omgekeken**. Bram trok Niels die kant op en sprak haar aan: — Hoi, Pauline! Ken je ons nog?

Pauline omhelsde hen allebei uitbundig en zei: — Niels en Bram! Kijk nou eens. Van jullie kleding kan ik zo raden welke carrière jullie hebben **gekozen**. Bram, jij bent vast autoverkoper en Niels, kijk eens wat een stijlvolle combinatie, jij bent **modeontwerper** geworden. Heb ik het goed?

De jongens keken elkaar aan en begonnen te **proesten**. Ze corrigeerden Pauline niet en konden nog jarenlang om de situatie lachen!

Samenvatting van het verhaal

Niels is een freelance programmeur die praktisch altijd in oude kleren rondloopt. Als hij een uitnodiging krijgt voor een schoolreünie, biedt zijn vriend Bram hem aan te helpen nieuwe, modieuzere kleding te kopen. Ze gaan samen naar de winkel en Bram stelt een aantal combinaties samen, maar Niels vindt geen enkele mooi en Bram stormt beledigd de winkel uit. Uiteindelijk koopt Niels toch maar een broek en overhemd die in de aanbieding zijn, zodat hij wel naar de reünie kan. Zijn amateurkeuze in kleding is zo goed gelukt dat één van hun oude klasgenoten zelfs denkt dat Niels modeontwerper is!

Summary of the story

Niels is a freelance programmer who practically lives in his worn-out clothes. When he gets an invitation to a school reunion his friend Bram offers to help him buy new, more fashionable clothes. They go to the shop and Bram puts several outfits together, but Niels doesn't like any of them and Bram storms out of the shop, offended. In the end, Niels picks up a pair of pants and a shirt that were on sale, so he can attend the reunion. His amateur choice in clothes is such a hit that one of their old classmates even thinks that Niels is a fashion designer!

Vocabulary

- **strekte:** reached
- **werd wakker:** woke up (phrasal verb)
- **wekker:** alarm clock
- **zelfstandige zonder personeel:** freelancer
- **vluchtige:** brief
- **pittige:** strong
- **programmeer:** programming
- **opdrachten:** assignments
- **geïnteresseerd:** interested
- **neem aan:** suppose (phrasal verb)
- **diensten:** services
- **modeadviseur:** fashion advisor
- **joggingbroek:** sweatpants
- **hulp:** help
- **weigeren:** turn down
- **dat klopt:** that's right
- **beval:** ordered
- **trof:** met
- **verkleurde:** faded
- **gerafelde:** frayed
- **hier is werk aan de winkel:** we've got work to do (idiom)
- **top tot teen:** head to toe
- **bekeek:** looked at
- **verwachten:** expect
- **stijlvol:** stylish
- **lukken:** succeed
- **loodste binnen:** led inside (phrasal verb)
- **mode:** fashion
- **terrein:** territory
- **daadkrachtig:** decisive
- **driedelig pak:** three-piece suit
- **overhemd:** shirt
- **stropdas:** tie
- **herenbroek:** men's dress pants
- **verboden:** prohibited
- **maat:** size
- **onbenullig:** silly
- **vergeet het maar:** forget about it
- **kleedkamers:** changing rooms
- **beende weg:** walked off (phrasal verb)
- **verdeelde:** divided
- **kleding:** clothes
- **tinten:** tones
- **linnen:** linen
- **blauwe:** blue

- **katoen:** cotton
- **strakker:** tighter
- **losser:** looser
- **broekzakken:** pant pockets
- **bundels:** bundles
- **gezichtsuitdrukking:** facial expression
- **overtuigend:** convincing
- **gebaarde:** gestured
- **broekspijpen:** pant legs
- **strak:** tight
- **gestreepte:** striped
- **lichtblauwe:** light blue
- **suf:** silly
- **verliezen:** lose
- **commentaar:** comment
- **'em:** it
- **staat je perfect:** looks perfect
- **charmant:** charming
- **stof:** fabric
- **nabootsen:** imitate
- **aandoen:** wear
- **onmogelijk:** impossible
- **geef op:** give up (phrasal verb)
- **stormde uit:** stormed out (phrasal verb)
- **beteuterd:** disappointed
- **wens:** wish
- **artikelen:** items
- **in de aanbieding:** on special offer
- **korting:** discount
- **rekende af:** paid (phrasal verb)
- **vergeven:** forgiven
- **keuze:** choice
- **nieuweling:** newbie
- **feliciteerde:** congratulated
- **bij te praten:** catch up
- **meest voorkomende:** most common
- **vanzelfsprekend:** obvious
- **voornamelijk:** mostly
- **genoten:** enjoyed
- **verliefd:** in love
- **modeontwerper:** fashion designer
- **proesten:** chuckle

Questions about the story

1. **Waarom biedt Bram Niels zijn diensten aan als modeadviseur?**

   a) Omdat hij daarmee dan vijftig euro verdient
   b) Omdat Bram Niels nog een gunst schuldig was
   c) Omdat hij Niels niet in zijn joggingbroek wil laten gaan
   d) Omdat Bram anders niet met Niels gezien wil worden

2. **Wat wil Bram dat Niels aan doet voor de reünie?**

   a) Een spijkerbroek
   b) Een driedelig pak
   c) Een overhemd met een broek
   d) Een overhemd met een broek en eventueel een stropdas

3. **Welke van de drie opties vindt Bram het beste staan?**

   a) De eerste
   b) De tweede
   c) De derde
   d) Geen enkele

4. **Waarom koopt Niels toch andere kleding?**

   a) Omdat hij wist dat hij echt niet in zijn oude joggingbroek naar de reünie kon gaan
   b) Omdat die in de aanbieding was
   c) Omdat Bram hem zo zou vergeven
   d) Omdat hij zich schuldig voelde tegenover de verkoper

5. **Had Pauline goed geraden wat voor baan Bram en Niels hadden?**

   a) Alleen de baan van Bram
   b) Alleen de baan van Niels
   c) Allebei de banen
   d) Geen van beide

Answers

1) C
2) D
3) C
4) A
5) D

Chapter 18

PIJNLIJKE WOORDEN

— Drie **biertjes**, twee appelsap met **ijsklontjes**, twee **stukken slagroomtaart** en drie **porties friet** met **pindasaus** voor tafel 7! — riep Tessa tegen haar collega Willeke die achter de bar van het café stond.

Ze werkten allebei in een druk café in het centrum van de Brabantse stad Tilburg. Willeke zette de **drankjes** en de slagroomtaart op een **dienblad** en gaf de **bestelling** voor de friet door aan de keuken. Toen Tessa terugkwam om de bestelling op te halen, zei ze **sluiks** tegen Willeke: — Kan je geloven dat deze bestelling voor drie mensen is en niet vijf? Alhoewel, wanneer je die **dames** ziet, denk je eerder dat het koeien zijn dan mensen.

Willeke schudde haar hoofd en dacht voor de honderdste keer hoe **gemeen** Tessa eigenlijk was. Grapjes maken is één ding, maar **almaar roddelen** is iets anders, vond ze. Maar als Hans, de baas, er was, dan was Tessa altijd **mierzoet**.

De volgende dag was Tessa's vrije dag en werkte Willeke met haar collega's Ronald en Yvonne. Willeke merkte op dat Yvonne er veel minder **opgewekt uitzag** dan normaal. Aan het eind van de dag vroeg ze voorzichtig of er iets mis was.

Yvonne antwoordde: — Ik weet niet of het een goed idee is om dit te vertellen, maar ik kan het niet langer **wegstoppen**. **Eergisteren** toen jij niet werkte, heeft Tessa hele gemene dingen over jou gezegd. Ik ben haar **geroddel** zat. Ze heeft geen slecht **hart**, maar ze creëert hier een **nare sfeer** tussen ons. Ik begon zelfs te overwegen om mijn **ontslag in te dienen**, maar dat is niet de oplossing.

Willeke luisterde naar Yvonne en dacht na. Toen zei ze: — Ik ga je niet eens vragen wat ze over me heeft gezegd, want **dat doet er niet toe**. We moeten gewoon met Hans praten. Ik doe het morgen wel.

De volgende dag waren ze allemaal op het werk en moest Willeke een goed moment vinden om even alleen met Hans te kunnen praten. Toen het eindelijk **lukte**, zei ze: — Hans, ik moet met je praten over iets wat heel belangrijk is voor de **werksfeer** tussen de collega's. Tessa heeft namelijk de vervelende **gewoonte** om veel **flauwe** dingen over de klanten te zeggen en om ook over collega's te roddelen. Yvonne was er laatst heel erg **van slag** van.

— Tessa? Hmm, ik heb haar zelf nooit dat soort opmerkingen horen maken, — antwoordde Hans verbaasd. — Maar ik zal vandaag eens goed **opletten**.

Hans **verschuilde** zich in de keuken, net achter de deur naar de bar, en wachtte af. Niet lang daarna hoorde hij Tessa tegen Willeke zeggen: — Willeke, heb je die ene vrouw met die **scheve** neus van tafel 3 gezien? Ik zit erover te denken om haar telefoonnummer te vragen voor Hans, die heeft ook zo'n scheve neus, ze zouden toch een perfect paar vormen? — en ze lachte **geniepig**.

Hans kon zijn oren bijna niet geloven, maar wat Willeke had gezegd, was dus echt waar. Snel bedacht hij een plan om Tessa een lesje te leren en belde twee vrienden op die hem ermee kon helpen.

Later die middag kwamen er twee mensen op het **terras** zitten en Tessa nam hun bestelling op: — Dus, twee koppen **warme**

chocolademelk, twee stukken **appeltaart**, en twee **kroketten** met **mosterd**, — **herhaalde** Tessa om de bestelling te **bevestigen**.

— Ja, dat klopt. — zeiden de klanten.

Tessa had zich net **omgedraaid** om de bestelling naar de keuken te brengen, toen ze de ene klant tegen de andere hoorde zeggen: — Zag je hoeveel make-up die serveerster op had? Dat zal wel betekenen dat ze er zonder make-up **onooglijk** is. — En de man lachte gemeen.

Tessa hoorde alles en werd helemaal koud van binnen. Maar ze had niet door dat dat precies hetzelfde was wat andere mensen voelden als zij over hen roddelde. Een kwartier later kwam ze terug met de bestelling en zonder een woord te zeggen zette ze alles neer op hun tafeltje. Toen ze wegliep, hoorde ze de klanten tegen elkaar zeggen:

— Zo, en ons **popje** is ook nog eens **verwaand**! Misschien moeten we maar eens met de manager praten.

Ze liet het dienblad achter bij de bar en ging stilletjes naar de WC. Hans en Willeke zagen het allemaal gebeuren en Willeke keek Hans vragend aan.

Hans zei: — Ik heb wat vrienden **ingeschakeld** om Tessa een beetje van haar eigen medicijn te geven en volgens mij heeft hier iemand wel haar lesje geleerd. Maar ik zal tijdens onze volgende personeelsvergadering ook wat professionelere training geven over de **gevaren** van roddelen op de **werkplek**.

Willeke **stak haar duim omhoog** en glimlachte. Hopelijk had Tessa echt iets van haar **pijnlijke** lesje geleerd!

Samenvatting van het verhaal

Tessa werkt in een café en heeft de slechte gewoonte veel te roddelen over de klanten, haar baas en haar collega's. Nadat de situatie uit de hand begint te lopen, besluit Willeke, één van haar collega's, er met hun baas Hans over te praten. Hans besluit Tessa een lesje te leren met de hulp van twee vrienden die doen alsof ze klanten zijn en gemeen over haar praten. Tessa ondervindt in levenden lijve hoe het voelt als mensen over je roddelen. Willeke en Hans hopen dat dit gaat helpen haar slechte gewoonte te verbreken.

Summary of the story

Tessa works in a bar and has a bad habit of gossiping a lot about the customers, her boss and co-workers. After the situation starts getting out of hand, Willeke, one of her co-workers, decides to bring it up with their boss Hans. Hans decides to teach Tessa a lesson with the help of two friends posing as customers saying mean things about her. Tessa experiences for herself how it feels when people gossip about you. Willeke and Hans hope that this is going to help her break her bad habit.

Vocabulary

- **biertjes:** beers
- **ijsklontjes:** ice cubes
- **stukken:** pieces
- **slagroomtaart:** cream pie
- **porties friet:** portions of French fries
- **pindasaus:** peanut sauce
- **drankjes:** drinks
- **dienblad:** serving tray
- **bestelling:** order
- **sluiks:** slyly
- **dames:** ladies
- **gemeen:** mean
- **almaar:** constantly
- **roddelen:** gossiping
- **baas:** boss
- **mierzoet:** super sweet
- **opgewekt:** cheerful
- **uitzag:** looked
- **wegstoppen:** hide
- **eergisteren:** the day before yesterday
- **geroddel:** gossiping
- **hart:** heart
- **nare:** unpleasant
- **sfeer:** atmosphere
- **ontslag in te dienen:** hand in my resignation
- **dat doet er niet toe:** it doesn't matter
- **lukte:** succeeded
- **werksfeer:** work atmosphere
- **gewoonte:** habit
- **flauwe:** cowardly
- **van slag:** upset
- **opletten:** pay attention
- **verschuilde:** hid
- **scheve:** crooked
- **geniepig:** viciously
- **terras:** terrace
- **warme chocolademelk:** hot chocolate
- **appeltaart:** apple pie
- **kroketten:** croquettes
- **mosterd:** mustard
- **herhaalde:** repeated
- **bevestigen:** confirm
- **omgedraaid:** turned around
- **onooglijk:** ugly
- **popje:** little doll
- **verwaand:** conceited
- **ingeschakeld:** brought in

- **gevaren:** dangers
- **werkplek:** work place

- **stak haar duim omhoog:** gave a thumbs up
- **pijnlijke:** painful

Questions about the story

1. **Voor hoeveel mensen is de bestelling die Tessa opneemt voor tafel 7?**

   a) Twee
   b) Drie
   c) Vier
   d) Vijf

2. **Wat vond Willeke van haar collega Tessa?**

   a) Dat ze gemeen was
   b) Dat ze grappig was
   c) Dat ze mierzoet was
   d) Dat ze hard werkt

3. **Hoe weet je dat Yvonne echt heel erg van slag is door Tessa's gedrag?**

   a) Omdat de baas er niets aan doet
   b) Omdat Tessa over Willeke en Ronald heeft geroddeld
   c) Omdat Tessa tegen Yvonne heeft gezegd dat ze een slecht hart heeft
   d) Omdat ze zelfs overwoog haar ontslag in te dienen

4. **Gelooft Hans wat Willeke hem over Tessa vertelt?**

   a) Nee
   b) Niet meteen, want hij heeft Tessa zelf nog nooit horen roddelen
   c) Ja, want hij had zelf ook al vermoedens
   d) Ja, want hij had hetzelfde ook al van Ronald gehoord

5. Wat doet Hans om Tessa een lesje te leren?

a) Niets

b) Hij roddelt over haar terwijl ze dichtbij staat

c) Hij vraagt twee vrienden of zij vervelende dingen kunnen zeggen over Tessa terwijl ze hen bedient

d) Hij ontslaat haar

Answers

1) B
2) A
3) D
4) B
5) C

Chapter 19

VAN TOEVAL TOT BEWIJS

De **wachtkamer** van de **huisartsenpraktijk** van dokter Van Wijk zat **bomvol** die **donderdagochtend**. Ze had al twee **patiënten** gezien en nu kwam de volgende.

Het was een **bleke** jongeman van **zesentwintig** die klaagde over **buikpijn** en **koorts**.

— En wanneer zijn deze **klachten** begonnen? — vroeg dokter Van Wijk.

— Vannacht. Ik werd om drie uur 's nachts wakker en moest meteen **overgeven**, — zei de jongeman.

— Dat is vervelend. Heeft u dit vaker? — vroeg de dokter.

— Nooit! Ik heb normaal gesproken een **maag** van **staal**.

— Heeft u in de afgelopen **achtenveertig** uur **vlees**, **vis**, of **zeevruchten** gegeten? Of veel alcohol gedronken? — vroeg de dokter verder.

— Ik heb gisteravond wel pizza met **hete worst** gegeten in een nieuw restaurant. Zou het daardoor komen? — antwoordde de jongeman.

— Het is inderdaad **voedselvergiftiging**. Ik geef u een **recept** voor **maagtabletten** om de klachten meteen te **verminderen**. Als u zich morgenavond daarmee nog niet beter voelt, moeten we ook even een **ontlastingsonderzoek** doen om te kijken om welke bacterie het gaat, — zei dokter Van Wijk. — **Veel beterschap gewenst**!

De jongeman bedankte de dokter en verliet de **spreekkamer**. De volgende patiënt was een vrouw van **in de veertig** die klaagde over **misselijkheid, hoofdpijn** en ze was zelfs die ochtend **flauwgevallen**, omdat ze zo'n last van haar **spijsvertering** had.

— Dokter Van Wijk, ik ben net **hersteld** van de **griep**, dus misschien is mijn **weerstand** nog wel **zwak**, — vertelde de vrouw.

— Dat kan, mevrouw, maar dit klinkt meer als voedselvergiftiging. Heeft u in de afgelopen achtenveertig uur vlees, vis, of zeevruchten gegeten of misschien in een nieuw restaurant gegeten? — vroeg de dokter.

— Ik heb inderdaad gisteren in een pizzeria **geluncht** waar ik nog niet eerder was geweest. Het was een simpele kaaspizza met een **groentesalade**, — zei de vrouw.

Dokter Van Wijk keek op. Dat kon toch geen toeval zijn? Ze vroeg: — Zou u mij de naam van de pizzeria kunnen geven? Dat kan eventueel belangrijk zijn, mochten er nog meer mensen komen met klachten over die plek.

— Natuurlijk. Het was bij Antonio's Pizza Place naast het **stadshuis**.

— Bedankt, mevrouw. Hier is een recept voor maagtabletten om uw klachten meteen te verminderen. Deze zijn in alle **apotheken** te krijgen. Als u zich daarmee morgenavond nog niet beter voelt, moeten we ook even een ontlastingsonderzoek doen om te kijken om welke bacterie het gaat, — zei de dokter. — Veel water drinken en veel rust nemen vandaag.

De vrouw bedankte de dokter en verliet de spreekkamer. Het **spreekuur** was bijna afgelopen en de laatste patiënt voor die ochtend kwam binnen: een man van **ver in de zestig**.

Hij vertelde: — Goedemorgen dokter. Ik **heb** erg **last van** mijn maag, sinds gisteravond heb ik **buikkrampen** en vanochtend had ik **diarree**. Ik heb vaak last van **maagzuur**, maar dit lijkt wel iets anders te zijn.

— Ik zie hier inderdaad in het **dossier** van uw **ziektegeschiedenis** dat u **medicijnen** inneemt voor uw maagzuur. Heeft u in de afgelopen achtenveertig uur vlees, vis, of zeevruchten gegeten of misschien in een nieuw restaurant gegeten? — vroeg de dokter.

— Gisteren heb ik **haring** op de markt gegeten en eergisteren heb ik in die nieuwe pizzaplek gegeten naast het stadhuis. Hoe heette die ook alweer, Tony's Pizza House of zo.

Dokter Van Wijk keek op en zei: — Bedoelt u Antonio's Pizza Place? Zou u mij **schriftelijke toestemming** kunnen geven om die informatie aan de juiste **instanties** te melden, mochten er meer patiënten komen die daar hebben gegeten?

— Natuurlijk, — antwoordde de man.

— Heel erg bedankt, dat is erg belangrijk. Nu, mijn diagnose: het is waarschijnlijk voedselvergiftiging. Vanwege uw maagzuurklachten kan ik u nu nog niets voorschrijven. We moeten eerst een ontlastingsonderzoek laten doen om te kijken om welke bacterie het gaat. Dat kunt u verder regelen bij de receptie van de **praktijk**. Nu raad ik u aan om **anijs** en **gemberthee** te drinken tegen de klachten. We zien u morgen voor het onderzoek en dan kunt u de **toestemmingsverklaring ondertekenen**, — zei de dokter.

De man bedankte de dokter en ze bleef nadenken over haar volgende stap na een erg **onthullende** dag. Haar **beroepsgeheim** als **arts** mocht ze **doorbreken** als de patiënt daarvoor toestemming gaf, maar ook als het om **uiterst** belangrijke informatie voor de **volksgezondheid** ging. In dit geval leek het haar belangrijk genoeg om de gemeente te laten weten dat er meerdere mensen ziek waren geworden van het eten van Antonio's Pizza Place. Ze ging daarom een verklaring voorbereiden, zodat haar laatste patiënt die kon tekenen.

Dokter Van Wijk had afgesproken om met haar man te gaan lunchen en verliet de praktijk. Ze trof haar man op het stadhuisplein en hij zei: — Lieverd, vandaag hoeven we toch niet per se gezond te eten, hè? Wat vind je ervan als we iets lekkers gaan eten vandaag, bijvoorbeeld iets Italiaans met heel veel kaas dat in een oven wordt gebakken? — en hij trok haar mee in de richting van het stadhuis.

— O nee, die nieuwe pizzeria? Dat is geen goed idee, geloof me! — antwoordde ze.

Toen haar man haar verbaasd aankeek, zei ze: — Ik kan je nu nog niet vertellen waarom, dat is beroepsgeheim, maar laten we gewoon naar ons favoriete café gaan voor tosti's met ham, **bitterballen** en **koffie verkeerd**! Morgen leg ik het allemaal uit!

Samenvatting van het verhaal

Dokter Van Wijk is een huisarts die tijdens haar spreekuur de ene na de andere patiënt ontvangt die klaagt over maagproblemen. Na voorzichtig vragen blijkt dat de patiënten allemaal bij dezelfde pizzeria hebben gegeten. Ze vraagt aan de laatste patiënt of hij een schriftelijke verklaring hierover wil ondertekenen, omdat dat de enige manier is waarop de dokter wettelijk deze informatie mag gebruiken. De patiënt stemt gelukkig in. Dan treft ze haar man om samen te lunchen en hij wil toevallig precies dat restaurant uitproberen, dus moet ze hem meedelen dat ze daar liever niet heen wil, maar dat ze nog niet kan zeggen waarom.

Summary of the story

Doctor Van Wijk is a family physician receiving one patient after another with stomach complaints. After some careful questioning, it turns out that all of the patients ate at the same pizzeria. She asks the last patient if he would be willing to sign a written statement about this, because it's the only way the doctor can legally use this information. Fortunately, the patient says yes. Then, she meets her husband for lunch and he happens to suggest trying that particular restaurant. So, she has to tell him she prefers not going there, but can't explain why just yet.

Vocabulary

- **wachtkamer:** waiting room
- **huisartsenpraktijk:** family doctor's office
- **bomvol:** very crowded
- **donderdagochtend:** Thursday morning
- **patiënten:** patients
- **bleke:** pale
- **zesentwintig:** twenty-six
- **buikpijn:** stomach ache
- **koorts:** fever
- **klachten:** complaints
- **overgeven:** throw up
- **maag:** stomach
- **staal:** steel
- **achtenveertig:** forty-eight
- **vlees:** meat
- **vis:** fish
- **zeevruchten:** seafood
- **hete worst:** spicy sausage
- **voedselvergiftiging:** food poisoning
- **recept:** prescription
- **maagtabletten:** stomach tablets
- **verminderen:** reduce
- **ontlastingsonderzoek:** stool test
- **veel beterschap gewenst:** get better soon
- **spreekkamer:** consulting room
- **in de veertig:** in her forties
- **misselijkheid:** nausea
- **hoofdpijn:** headache
- **flauwgevallen:** fainted
- **spijsvertering:** digestion
- **hersteld:** recovered
- **griep:** flu
- **weerstand:** immune system
- **zwak:** weak
- **geluncht:** had lunch
- **groentesalade:** vegetable salad
- **stadhuis:** city hall
- **apotheken:** pharmacies
- **spreekuur:** consultation hours
- **ver in de zestig:** in his late sixties
- **heb last van:** is bothering me (phrasal verb)
- **buikkrampen:** stomach cramps
- **diarree:** diarrhea
- **maagzuur:** heartburn

- **dossier:** file
- **ziektegeschiedenis:** medical history
- **medicijnen:** medicine
- **haring:** herring
- **schriftelijke:** written
- **toestemming:** permission
- **instanties:** authorities
- **praktijk:** doctor's office
- **anijs:** aniseed
- **gemberthee:** ginger tea
- **toestemmingsverklaring:** declaration of consent
- **ondertekenen:** sign
- **onthullende:** revealing
- **beroepsgeheim:** professional confidentiality
- **arts:** doctor
- **doorbreken:** break
- **uiterst:** highly
- **volksgezondheid:** public health
- **bitterballen:** deep-fried meatballs
- **koffie verkeerd:** coffee with milk

Questions about the story

1. Wat schrijft Dokter Van Wijk de eerste patiënt voor?

a) Geen medicijnen, alleen meer water en gemberthee drinken

b) Maagtabletten

c) Maagtabletten, en als die niet helpen, moet hij een ontlastingsonderzoek laten doen

d) Een antibioticakuur

2. Wat dacht de tweede patiënt dat ze had?

a) Bloedarmoede, omdat ze ook flauwgevallen was

b) De griep

c) Voedselvergiftiging

d) Ze had zelf geen diagnose gesteld

3. Waarom schrijft Dokter Van Wijk de derde patiënt niets voor?

a) Omdat de patiënt allergisch is voor maagtabletten

b) Omdat de patiënt problemen met maagzuur heeft, moet ze eerst een ontlastingsonderzoek laten doen

c) Omdat anijs en gemberthee drinken voldoende is

d) Omdat hij geen toestemmingsverklaring wilde ondertekenen

4. Waarom vroeg Dokter Van Wijk aan haar laatste patiënt of hij een verklaring wilde ondertekenen?

a) Omdat ze hem niet geloofde

b) Omdat ze zijn geheugen vanwege zijn leeftijd niet vertrouwde

c) Omdat ze haar beroepsgeheim zonder die verklaring niet mocht doorbreken

d) Omdat ze dat nodig had om hem een recept voor te schrijven

5. **Waar wil de man van Dokter Van Wijk die dag eten voor de lunch?**

   a) Bij Antonio's Pizza Place
   b) Bij een pannenkoekenhuis
   c) Bij hun favoriete café
   d) Bij hun favoriete Italiaanse restaurant

Answers

1) C
2) D
3) B
4) C
5) A

Chapter 20

GELUK BIJ EEN ONGELUK

Op een **vrijdagochtend** vertrok het **koppel** Femke en Jelle naar hun werk. Ze waren extra opgewekt die dag, niet alleen omdat het bijna weekend was, maar omdat ze de dag erna twee weken op vakantie zouden gaan. Die opgewekte sfeer sloeg echter om 3 uur 's middags helemaal om toen Femke een berichtje van Jelle kreeg waarin hij schreef:

— Ik **ben ontslagen**. Ik ben gewoon net ontslagen, effectief vanaf het eind van de maand. **Ik ben er kapot van**! Geen enkel bedrijf zoekt in deze tijd van het jaar **zakelijke verzekeringsadviseurs**.

Die avond toen ze allebei weer thuis waren van hun werk, overwogen ze om niet op vakantie te gaan, maar Jelle zei: — Nee, Femke, je **keek zo uit** naar deze vakantie. Je wil al je hele leven op een **kameel** de **woestijn rondtrekken**. We gaan gewoon, lieverd.

Dus die avond pakten ze hun **koffers** en de volgende dag stonden ze **ruim van tevoren** op **vliegveld** Schiphol bij de **incheckbalie** van hun **luchtvaartmaatschappij**. De **baliemedewerker** vroeg beleefd: — Goedemorgen, mag ik uw **paspoort** en **reservering** alstublieft? Wat is uw **eindbestemming**?

— Natuurlijk, hier zijn onze **reisdocumenten**. We zitten op vlucht CT835 naar Casablanca in Marokko, — zei Femke.

— **Dankuwel**. U kunt uw koffers vast op de **weegschaal** zetten. Het maximale gewicht is 23 kilo en u mag één **stuk handbagage**

meenemen. — Hij voerde hun **gegevens** in en toen **veranderde** zijn gezicht — Hmm, het spijt me meneer en mevrouw Goossens, er is een probleem met uw **vlucht**. Het **vliegtuig** is nog niet **opgestegen** uit Marokko vanwege een **technische storing** op de **controletoren** van de **luchthaven** in Casablanca.

— Oh nee! Nog een **tegenvaller**! — zei Jelle — Wat gaat er nu met onze vlucht gebeuren?

— Op het moment wachten we verdere informatie af, maar waarschijnlijk vertrekt de vlucht later vandaag, wat betekent dat u vier uur **vertraging** heeft, — antwoordde de baliemedewerker. — Laten we de procedure voor het **inchecken afmaken**, want het is gelukkig **onwaarschijnlijk** dat de vlucht **geannuleerd** wordt. U moet op de **schermen** letten om de **vertrektijd in de gaten te houden**.

Ze werden **ingecheckt** en gingen met hun handbagage op zoek naar een plek om even iets te drinken. Schiphol was heel druk, dus ook bij het restaurant moesten ze in de rij gaan staan.

Het was een zelfbedieningsrestaurant, waarbij alle mensen in de rij **kozen** wat ze wilden eten en het op een dienblad zetten. De vrouw die voor hen in de rij stond leek veel dorst te hebben, want ze had een fles water, een kopje koffie én een glas sinaasappelsap op haar dienblad. Opeens stootte iemand de vrouw aan en **kieperde** haar dienblad **over** haar **heen**! Haar T-shirt zat onder de koffie sinaasappelsap en stukken boterham.

— Oh nee! — riep de vrouw uit. — Wat nu? Nog een **tegenslag** deze week!

Femke en Jelle vonden het heel erg **sneu** voor de vrouw en **boden** meteen hulp aan. Femke zei: — Mevrouw, ik heb nog wel een extra T-shirt in mijn **handtas** dat u kunt lenen.

De vrouw nam het **aanbod** dankbaar aan. Ze gingen naar de WC zodat de vrouw zich kon omkleden. Toen ze terugkwamen had Jelle al voor alle drie **besteld** en zat aan een tafeltje te wachten. Femke zei **opgewonden**: — Jelle, je zal het nooit geloven: Trudie zit ook op dezelfde vlucht als wij naar Casablanca!

— Oh nee, dus u heeft ook evenveel ongeluk als wij vandaag. Misschien kunnen we dan elkaar wel een tijdje gezelschap houden. We hebben tenslotte nog urenlang! — zei Jelle **spottend**.

Trudie lachte en ze bleven inderdaad samen een hapje eten. Eerst vroegen ze elkaar over hun reisplannen en zo kwamen ze erachter dat Trudie familie ging bezoeken in Casablanca. Daarna vroeg Trudie over hun banen. — Alhoewel ik niet weet of ik nu wel over werk wil praten, na wat er deze week gebeurd is, — zei Trudie er een beetje **knorrig** bij.

— Oh, ben je soms ook gisteren **plotseling** ontslagen, net als ik? — vroeg Jelle cynisch.

— Nee, dat niet. Het spijt me dat te horen, — zei Trudie oprecht. — Ik ben **afdelingshoofd** bij een bank en één van mijn beste zakelijke verzekeringsadviseurs heeft gisteren zijn **ontslag ingediend**. Dit zal mijn werk een stuk moeilijker maken. Om in de komende tijd en een **vervanger** vinden zal niet makkelijk zijn.

Femke en Jelle keken elkaar aan met grote ogen. Jelle was sprakeloos, maar Femke zei snel: — We hebben nog minstens twee uur hier, toch? Dat lijkt me genoeg tijd voor een grondig sollicitatiegesprek. Trudie, mag ik je voorstellen aan Jelle, zakelijk verzekeringsadviseur met tien jaar ervaring.

Trudie keek eerst alsof Femke een slechte grap had gemaakt, maar zag toen dat Jelle met zijn hoofd knikte, waarna ze hem meteen vragen begon te stellen over zakelijke thema's. Het leek wel een echt interview en ze vroeg zelfs of hij zijn cv naar haar kon e-mailen, zodat ze die door kon sturen naar de afdeling Personeelszaken van haar bank. Ze **gingen zo op** in het gesprek dat ze bijna niet zagen dat hun vlucht al een vertrektijd had.

Ze vlogen door de **controle** heen en in de rij bij het vliegtuig zei Trudie: — Het laatste **advies** wat ik je wil geven voor je vakantie, Jelle, is dat je er heel veel van moet genieten, want ik heb een **voorgevoel** dat je daarna weer snel aan het werk bent.

Ze lachten allemaal en besloten allemaal volop van hun vakantie te genieten en verder helemaal het werk het werk te laten.

Samenvatting van het verhaal

Femke en Jelle zijn een koppel dat uitkijkt naar een mooie vakantie, maar de dag voor de vakantie wordt Jelle ontslagen. Ze besluiten de vakantie niet af te zeggen, maar op het vliegveld hebben ze nog een tegenvaller: hun vlucht heeft minstens 4 uur vertraging. Als ze in de rij staan bij een restaurant, heeft de vrouw voor hen in de rij een ongelukje waarbij het koppel helpt. Ze blijven met haar kletsen en dan blijkt dat de vrouw, Trudie, ook naar Marokko gaat en dat haar bedrijf net een vacature heeft voor de baan die Jelle net heeft verloren. De toekomst ziet er voor iedereen een stuk zonniger uit, ook wanneer de vakantie afgelopen is.

Summary of the story

Femke and Jelle are a couple that are looking forward to a nice vacation, but the day before the vacation, Jelle gets fired. They decide not to cancel their vacation, but at the airport they get another setback: their flight is delayed at least four hours. When they're waiting in line at a restaurant, the woman in front of them has a little accident with which the couple helps her. They end up chatting to her and it turns out that the woman, Trudie, is also going to Morocco, and that her company has a job opening for the job that Jelle just lost. The future is looking a lot brighter for everyone, even when their vacation ends.

Vocabulary

- **vrijdagochtend:** Friday morning
- **koppel:** couple
- **ben ontslagen:** got fired
- **ik ben er kapot van:** I'm devastated (idiom)
- **zakelijke:** business
- **verzekeringsadviseurs:** insurance consultants
- **keek zo uit:** was looking forward to
- **woestijn:** desert
- **kameel:** camel
- **rondtrekken:** travel around
- **koffers:** suitcases
- **ruim van tevoren:** with ample time
- **vliegveld:** airport
- **incheckbalie:** check-in counter
- **luchtvaartmaatschappij:** airline
- **baliemedewerker:** counter clerk
- **paspoort:** passport
- **reservering:** reservation
- **eindbestemming:** final destination
- **reisdocumenten:** travel documents
- **dankuwel:** thank you
- **weegschaal:** scales
- **stuk handbagage:** piece of hand luggage
- **veranderde:** changed
- **vlucht:** flight
- **vliegtuig:** airplane
- **opgestegen:** taken off
- **technische:** technical
- **storing:** failure
- **controletoren:** control tower
- **luchthaven:** airport
- **tegenvaller:** disappointment
- **vertraging:** delay
- **inchecken:** checking in
- **afmaken:** finish
- **onwaarschijnlijk:** unlikely
- **geannuleerd:** canceled
- **schermen:** screens
- **vertrektijd:** departure time
- **in de gaten te houden:** keep an eye on (idiom)
- **ingecheckt:** checked in
- **kozen:** chose
- **kieperde over ... heen:** fell over (phrasal verb)

193

- **tegenslag:** setback
- **vonden het sneu:** felt pity for
- **boden:** offered
- **handtas:** handbag
- **aanbod:** offer
- **besteld:** ordered
- **opgewonden:** excited
- **spottend:** cynically
- **knorrig:** grumpily
- **plotseling:** suddenly
- **afdelingshoofd:** department head
- **ontslag ingediend:** resigned
- **vervanger:** replacement
- **gingen zo op:** were so caught up in (phrasal verb)
- **advies:** advice
- **voorgevoel:** premonition

Questions about the story

1. **Waarom is Jelle ontslagen?**

   a) Dat wordt niet genoemd

   b) Omdat hij te veel op vakantie gaat

   c) Omdat er bezuinigingen zijn

   d) Omdat hij zijn werk niet goed doet

2. **Waarom gaan ze op vakantie?**

   a) Zodat Jelle kan vergeten dat hij net ontslagen is

   b) Zodat Jelle daar een baan kan zoeken

   c) Omdat Femke dat al haar hele leven wil

   d) Omdat Femke familie heeft in Marokko

3. **Wat gaat er gebeuren met de vlucht van Femke en Jelle volgens de baliemedewerker?**

   a) Dat is nog niet duidelijk en over vier uur moeten ze terugkomen bij de balie

   b) Over vier uur weet de luchtvaartmaatschappij of de vlucht geannuleerd wordt

   c) De vlucht heeft zes uur vertraging

   d) Er is minstens vier uur vertraging maar de vlucht wordt niet geannuleerd

4. **Wiens schuld was het dat Trudies T-shirt vies werd?**

   a) Haar eigen schuld

   b) Jelles schuld

   c) Femkes schuld

   d) De schuld van iemand die langsliep en tegen haar aanstootte

5. Waarom is het zo'n toeval dat Jelle en Femke Trudie hebben leren kennen?

a) Omdat ze op dezelfde vlucht zitten en Trudie net op zoek is naar een zakelijk verzekeringsadviseur en dat precies Jelles carrière is
b) Omdat ze op dezelfde vlucht zitten
c) Omdat ze hetzelfde bestelden in het restaurant
d) Omdat ze allemaal geïnteresseerd zijn in Marokko

Answers

1) A
2) C
3) D
4) D
5) A

FREE BOOK!

Free Book Reveals The 6 Step Blueprint That Took Students
From Language Learners To Fluent In 3 Months

- **6 Unbelievable Hacks** that will accelerate your learning curve
- **Mind Training:** why memorizing vocabulary is easy
- **One Hack To Rule Them All:** This <u>secret nugget</u> will blow you away...

Head over to **LingoMastery.com/hacks**
and claim your free book now!

CONCLUSION

So, you've now read all of the stories in our Dutch Short Stories for Beginners book! Well done! This means you've acquired a tremendous amount of new vocabulary covering a lot of different topics. Besides, you have also strengthened your understanding of Dutch grammar, especially verbs and sentence structure, without even noticing it!

Never forget: learning a language doesn't *have* to be a boring activity if you find the proper way to do it. Hopefully, we've provided you with a hands-on, fun way to expand your knowledge in Dutch and you can apply your lessons to future ventures. Feel free to use this book again when you need to go back to remembering vocabulary and expressions — in fact, we encourage it.

Here are some last golden tips to keep improving your Dutch that will complement the progress you've already made by reading this book:

1. **Make use of the Internet and social media:** tackling an entire novel in Dutch might be the next step for some, but if it isn't, don't despair! If you search for some Dutch or Belgian websites or social media channels (including Youtube) about subjects of your interest, you'll find that learning through language immersion is made much easier in the digital age.

2. **Find a language exchange partner:** the vast majority of Dutch speakers speak another language and are often actively trying to improve it. You can easily find a language exchange partner

online who you can help with the knowledge of your native language. A classic win-win situation!

3. **Put your existing knowledge into practice:** learning by doing also goes for language learning. So, look for ways you can use the Dutch you've amassed so far in practice by speaking or writing. It could be by writing blog posts, recipes, short stories, or talking about your life experiences and interests in Dutch.

Believe in yourself and never be ashamed to make mistakes. Even the best can fall; it's those who get up that can achieve greatness! Take care!

P.S. Keep an eye out for more books like this one; we're not done teaching you Dutch! Head over to www.LingoMastery.com and read our articles and sign up for our newsletter. We give away so much free stuff that will accelerate your Dutch learning and you don't want to miss that!

MORE BOOKS BY LINGO MASTERY

Have you been trying to learn Dutch and simply can't find the way to expand your vocabulary?

Do your teachers recommend you boring textbooks and complicated stories that you don't really understand?

Are you looking for a way to learn the language quicker without taking shortcuts?

If you answered *"Yes!"* to at least one of those previous questions, then this book is for you! We've compiled the **2000 Most Common Words in Dutch,** a list of terms that will expand your vocabulary to levels previously unseen.

Did you know that — according to an important study — learning the top two thousand (2000) most frequently used words will enable you to understand up to **84%** of all non-fiction and **86.1%** of fiction literature and **92.7%** of oral speech? Those are *amazing* stats, and this book will take you even further than those numbers!

In this book:

- A detailed introduction with tips and tricks on how to improve your learning
- A list of **2000** of the most common words in Dutch and their translations
- An example sentence for each word – in both Dutch *and* English
- Finally, a conclusion to make sure you've learned and supply you with a final list of tips

Don't look any further, we've got what you need right here!

In fact, we're ready to turn you into a Dutch speaker... are you ready to become one?

Made in the USA
Columbia, SC
23 May 2022

60827419R00129